JOSEF THALLER

Original bayerisch
Bayerische Originale

fotografiert von
BRUNO HAUSCH

HÄDECKE VERLAG

Das Originale in Bayern ist weit seltener als gemeinhin angenommen das kraftstrotzend Barocke und schon gar nicht das krachledern Derbe. Es ist viel öfter hintersinnig verdreht, manchmal sogar skurril, ist weit mehr Karl Valentin als Weiß Ferdl und ebenso Bert Brecht wie Oskar Maria Graf oder Georg Queri. Auch wird man Originale verhältnismäßig selten unter jenen Bayern finden, die, aufgeschirrt mit bestickten Hosenträgern, überdimensionalen Gamsbärten und dreifachen Charivariketten, sich an solch internationalen Begegnungsstätten wie Hofbräuhaus oder Viktualienmarkt von Japanern und „anderen Preußen" fotografieren lassen.

Ebenso selten unter den Sendboten professionellen Gauditums, die überall, wo sie hinkommen, jene hemdsärmelige Urigkeit verbreiten, die vor allem im Ausland für ein Charakteristikum bayerischer Wesensart gehalten wird.

Und natürlich auch nicht unter den Neureichen mit ihrem neobarocken Prunk, der so sehr der Schlichtheit des früheren altbayerischen Bürgertums entgegensteht.

Bayerische Originale sind, wie eh und je, mehr unter den kleinen Leuten, Gewerbetreibenden und Handwerkern zu finden, früher auch noch unter den Beamten. Und im Freiraum der Künstler, Literaten und Volkssänger.

Kathi Kobus, die legendäre Schwabinger Boheme-Wirtin, eine Bauerntochter aus dem Chiemgau, war ein solches Original. Und jener unbekannte, aus der Bahn geworfene Oberlehrer meiner Kindheit, der schon in den dreißiger Jahren gegen die Zerstörung der Natur durch den Menschen protestierte und sich, als man ihn nicht verstehen wollte, kostümiert wie Robinson Crusoe in sein Gartenhäusl zurückzog, um fortan der Welt und seiner Frau zu trotzen.

Zugegeben, er war ein wenig wirr im Kopf. Aber diese Verwirrung kam aus einer inneren Unschuld, die eines der wesentlichen Merkmale des Originals ist. Die Macchiavellis zählen nirgendwo zu den Originalen.

Natürlich gab es und gibt es unter den bayerischen Originalen Kraftgestalten. Der Münchner Roßhändler und Mietkutscher Xaver Krenkl war eine, ebenso der Dichter Ludwig Thoma und, in neuerer Zeit, der verstorbene Bundestagsabgeordnete Xaver Unertl. Auch etliche der in diesem Buch beschriebenen Originale zählen dazu. Aber in der Mehrzahl sind bayerische Originale eher vielschichtig komplex.

Das breitbeinig-selbstbewußte „Wer ko, der ko" der Wirte und Bräus, das bekanntlich auf Xaver Krenkl zurückgeht, der mit diesem Spruch sechsspännig an seinem König, Ludwig I., vorbeizog, war auch im letzten Jahrhundert schon das Merkmal einer Minderheit unter den Originalen.

Das Originale in der bayerischen Küche ist, will man konsequent sein und nur das gelten lassen, was in anderen Landesküchen nicht zu finden ist, auf einige wenige Gerichte beschränkt: Pichelsteiner, Bifflamott, was eigentlich Bœuf à la mode heißen soll und eines der wenigen Gerichte ist, zu denen ein Bayer Salzkartoffeln ißt; Kronfleisch, kälberne Briesmilzwurst, eine Münchner Spezialität, und die mit Recht so berühmte Weißwurst sowie einiges mehr.

Selbstredend gehört auch noch der Leberkäs, gehören Schweinsbraten mit Kartoffelknödel oder Lüngerl mit Semmelknödeln dazu. Wie überhaupt der Knödel, obwohl er ja auch in der böhmisch-österreichischen und in der gesamten süddeutschen Küche beheimatet ist, doch das Synonym für die bayerische Küche darstellt.

Der Allgäuer Heimatpfleger Weitnauer hat ihn einmal als ein Sinnbild des bayerischen Zentralismus bezeichnet und die schwäbischen Spätzle als ein Beispiel für den Partikularismus der Schwaben.

Bei beiden Volksstämmen ist das Mehl das Fundament der Küche. Die Südschiene, wenn schon politisch nicht immer stabil und in der Wirtschaft gelegentlich in Frage gestellt, ist zumindest in diesem Bereich noch intakt.

Semmelknödel

10 altbackene Semmeln (oder die entsprechende Menge vorgeschnittenes, fertiges Knödelbrot)
$^1/_4$ l heiße Milch
1 kleine Zwiebel
1 Bund Petersilie
2 EL Butter
2 Eier, verquirlt
Salz, Pfeffer, Muskatnuß

Die Semmeln in feine Scheiben schneiden, die heiße Milch darübergießen und $^1/_2$ Stunde ziehen lassen.
Die Zwiebel kleinschneiden, in Butter glasig dünsten und über die Semmeln geben. Die feingeschnittene Petersilie und die verquirlten Eier dazugeben, mit Salz, Pfeffer, Muskatnuß würzen und alles gut durchmischen. Mit nassen Händen Knödel abdrehen und in kochendes Salzwasser einlegen. Den Topf zudecken, das Wasser wieder zum Sieden bringen und dann die Knödel im offenen Topf ca. 20 Minuten ziehen lassen.
Übriggebliebene Semmelknödel, in Scheiben geschnitten und in Essig und Öl mit ein paar Zwiebelringen angemacht, oder in Butter angebraten und mit verklepperten Eiern vermengt, sind ein einfach und schnell zubereitetes Abendessen, zu dem sehr gut ein grüner Salat paßt.

Leberknödel

8 altbackene Semmeln (oder entsprechende Menge Knödelbrot)
$^1/_4$ l heiße Milch
1 EL Butter
$^1/_2$ kleingehackte Zwiebel
$^1/_2$ Knoblauchzehe, durchgepreßt
2 Eier, verquirlt
250 g geschabte Rindsleber
50 g geschabte Milz
Salz, Pfeffer, Majoran
1 EL Mehl

Die Semmeln fein schneiden, mit der heißen Milch übergießen und $^1/_2$ Stunde ziehen lassen.
Die in Butter angeschwitzte Zwiebel, den Knoblauch, die verquirlten Eier, die Leber und Milz zugeben und mit Salz, Pfeffer und Majoran abschmecken. Die Masse gut durcharbeiten (evtl. noch etwas Mehl zugeben), mit nassen Händen Knödel formen und ca. 20 Minuten in siedendem Salzwasser garziehen lassen.

◁ Farbtafel: Semmel- und Kartoffelknödel

Grießknödel

4 alte Semmeln
2 EL Butter
125 g Speck
500 g Grieß
3/4 l kräftige Rindssuppe

Die Semmeln würfeln und in der Butter anrösten. Den Speck ebenfalls würfeln und anbraten und mit dem Grieß vermischen. In einem Topf mit der heißen Fleischsuppe abbrennen (wie bei einer gebrannten Grießsuppe), die Semmelwürfel dazugeben und die Masse 1/4 Stunde ruhen lassen.
Knödel formen (sie sollten etwas kleiner als Semmelknödel sein) und in Salzwasser 15 Minuten leicht kochen. Die Knödel sollten mehr ziehen als kochen.
Man kann Grießknödel zu einem Braten mit sämiger Sauce (z. B. Sauerbraten) servieren. Gut schmecken Grießknödel auch zu einem Ochsenschwanzragout (siehe Seite 76) oder zu Gulasch.
Übriggebliebene Grießknödel sind eine ideale Beigabe zu jedem Braten, wenn sie, ähnlich wie Semmelknödel, in Scheiben geschnitten (die Scheiben sollten nicht zu dünn sein) nur in Butter leicht angebräunt werden.
Eine neubayerische Form der Grießknödelverwertung ist ein Grießknödel-Gratin, bei dem die Scheiben dachziegelartig in eine ausgebutterte flache Gratin-Form gelegt, mit geriebenem Käse und Butterflocken bedeckt, überbacken werden.

Kartoffelknödel (roh)

1,5 kg Kartoffeln
4 EL Grieß
1/4 l Milch, Salz
Weißbrot- oder Semmelwürfel
Fett zum Anrösten

Die Kartoffeln schälen und auf einem Reibeisen (auf Fingerkuppen und Knöchel achten) in eine Schüssel mit Wasser reiben. Die geriebenen Kartoffeln auf ein Küchentuch geben, zu einer Kugel zusammendrehen und das Wasser herauspressen. Die trockene Kartoffelmasse mit dem in Milch aufgekochten Grieß vermengen, Knödel abdrehen, nach Belieben mit den gerösteten Semmelwürfeln füllen und in reichlich Salzwasser ca. 20 Minuten mehr ziehen als kochen lassen.

Kartoffelknödel (halb und halb)

500 g rohe Kartoffeln
500 g gekochte Kartoffeln (entspricht ca. 750 g Rohware)
Salz
3 EL Mehl

Die rohen Kartoffeln schälen, auf einem Reibeisen in eine Schüssel mit Wasser reiben und mit einem Küchentuch auspressen. Mit den durchgedrückten, gekochten Kartoffeln vermengen, leicht salzen, das Mehl dazugeben, Knödel formen und etwa 20 Minuten in Salzwasser garen.

Konrad Andenauer habe ihn einst einen bayerischen Bauernspitz genannt, schrieb eine namhafte deutsche Tageszeitung in einem breit angelegten Bericht über seine erfolgreiche Vermittlerrolle in einem Tarifstreit zwischen Gewerkschaft und Arbeitgebern. Was er als glatten Unsinn bezeichnet, denn das Wort „Bauernspitz" habe nie zum Vokabular Adenauers gehört.
Allenfalls habe Adenauer vielleicht Schlitzohr gesagt, und selbst das sei nicht verbürgt. Wenn es aber so sei, dann gebühre Adenauer selbst der vorderste Platz in der Rangordnung der Schlitzohre.
Passender erscheint der Vergleich zu Franz von Assisi. Klein und zäh. Ein Vergleich, der auch die Alliteration „Schlitzohr und Schlichter" nahelegt.
Denn zum Schlichter ist er nicht nur wegen seines auf Ausgleich und Harmonie angelegten Naturells wie geschaffen, sondern vor allem auch wegen seiner Zähigkeit, die er seinen bäuerlichen Vorfahren verdankt.
Zum Schlitzohr hat ihn aber vielleicht die jahrzehntelange Erfahrung in der Juristerei und in der Politik gemacht, die ihm auch seine profunden Kenntnisse über die Hinfälligkeit des Menschen und das Fragwürdige seines Tuns vermittelt haben mag.
Beiden, Schlitzohr wie Schlichter, scheint ein tiefes Mißtrauen gegenüber dem an der Oberfläche Sichtbaren eigen zu sein. Und eine ebenso tiefe Abneigung gegen falsche Würde und jegliche Art von Pomp.
Dies ist auch der Grund, warum er allen Ordensverleih-Kommittees mit Skepsis gegenübersteht.
Ganz egal, ob es sich um das für die Verleihung des Friedens-Nobelpreises zuständige norwegische Parlament handelt oder um das selbsternannte Gremium rheinischer Karnevalisten, das den Orden „Wider den tierischen Ernst" vergibt, den er ja bekanntlich einmal erhalten hat.
Das letztere sei, wie er sagt, eine überaus „tierische" Angelegenheit gewesen, die mit großem Bierernst zelebriert wurde, und über ersteres würde wohl einmal die Geschichte entscheiden. Die meisten Verleihungen seien zeitgebunden und für die Nachwelt einmal höchstens kurios.
Nur das Große sei zeitlos, und was groß ist, merke man meistens erst dann, wenn's zu spät ist.

Hermann Höcherl kommt aus dem ältesten Teil Bayerns, der Oberpfalz. Die Oberpfälzer, sagt er, sind schon degeneriert gewesen, als die Münchner erst ans Tageslicht kamen. Überhaupt scheint er Deutschlands heimlicher Hauptstadt mit etwas Distanz gegenüber zu stehen. Jedenfalls dem München der Schickeria und der Neureichen. Immerhin war Regensburg schon die Hauptstadt Bayerns – das war im 7. Jahrhundert –, als München noch auf keiner Landkarte zu finden war.
Das alte bürgerliche München hingegen hat ihm gut gefallen. Er hat es aus seiner Studentenzeit noch in bester Erinnerung. Er wohnte damals in der Amalienstraße und teilte, für eine Monatsmiete von zwanzig Mark, mit einem Kommilitonen ein Zimmer. Er verkehrte viel im „Alten Simpl" und kannte noch Kathi Kobus, Ringelnatz und natürlich auch Karl Valentin.
Es gab noch keine Massenuniversitäten, und der Student hatte in der Münchner Gesellschaft seinen eigenen Rang.
Es war aber auch eine politisch unruhige und unsichere Zeit. Der 30. Januar 1933, der Tag der Machtergreifung durch die NSDAP, ist ihm noch so gegenwärtig, als sei es gestern gewesen.
Er stand gerade vor seinem ersten Juristischen Staatsexamen, und bei den Prüfungen, die damals noch öffentlich waren wie bei den alten Chinesen, war man an diesem Tag mehr als lax.

Hermann Höcherl wurde am 31. März 1912 in Brennberg, einem kleinen Ort nordöstlich von Regensburg, wo er heute noch lebt, als Bauernsohn geboren. Aufgewachsen ist er im Landkreis Roding, in

der Nähe von Cham im Bayerischen Wald, etwa 20 Kilometer von seinem Geburtsort entfernt. Wenn man geboren wird, sagt er, hat man kein Selbstbestimmungsrecht und kann nicht darüber entscheiden, wo man gern aufwachsen würde. Aber wenn man älter wird, ist es schön, da zu leben, wo man schon als kleiner Bub barfuß gelaufen ist.

Obwohl er aus einer Bauernfamilie kam, schien er wenig Neigung zum bäuerlichen Beruf zu entwickeln. Was offenbar auch dem Lehrer an der damaligen Einklassen-Schule nicht entgangen war, der zudem – wie Hermann Höcherl dies in der vorsichtigen Sprache des Juristen ausdrückt – gewisse Voraussetzungen zu entdecken glaubte, die ihn befähigten, eine höhere Schule zu besuchen.

Damals konnte man, wenn man aus dem bäuerlichen Lebenskreis kam und eine höhere Schule besuchte, praktisch nur zwischen zwei Wegen wählen. Man konnte Geistlicher werden oder Lehrer. Für einen Lehrer sei er völlig ungeeignet gewesen, und es gab auch niemanden, der, wie er sagt, den Verdacht geäußert habe, er sei für das Amt eines Geistlichen berufen. Er sei nicht einmal Ministrant gewesen. Allerdings mehr aus praktischen Gründen. Da er über eine dreiviertel Stunde von der Kirche entfernt wohnte, war für sein pünktliches Erscheinen zum Gottesdienst, vor allem im Winter, wenn der Schnee halbmeterhoch lag, nicht zu garantieren.

Nach Abwägung aller Vor- und Nachteile entschied er sich deshalb für die Jurisprudenz. Das war allerdings um einiges später. Zunächst meldete ihn sein Lehrer am Alten Gymnasium in Regensburg an, um ihm dann – offenbar unter dem Eindruck, das technische Zeitalter bedürfe junger Talente – auf die Regensburger Goethe-Oberschule umzumelden, die mehr naturwissenschaftlich orientiert war.

Als er nach Regensburg kam, lebte er die ersten zwei Jahre, von 1922 bis 1924, bei seinem Onkel, einem Eisenbahnbeamten. Der Onkel hatte eine Wohnung in der Maxstraße, der Regensburger Hauptstraße, wo 1922 die großen Hungerdemonstrationen stattfanden. Es war die Zeit der Inflation, und er mußte auf dem Rückweg von der Schule jeden Tag den Dollarkurs ablesen und seinem Onkel melden, der dann, je nach Tageskurs, seine karge Beamtenbesoldung, die damals wöchentlich, zeitweilig sogar täglich, ausbezahlt wurde, in Lebensmittel umsetzte. Den Milliardenbeträgen, die ihn als kleinen Buben in Erstaunen setzten, ist er erst wieder im Bundestag begegnet. Eine Gesetzesvorlage, die er 1955 für die Errichtung einer Bundesbank einbrachte, hatte nicht zuletzt ihren Ursprung in dem Trauma dieser Inflation, die Millionen um ihre Ersparnise gebracht hatte.

Trotz der Schwere der Zeit erlebte er eine unbeschwerte Jugend. Die materiellen Seiten des Lebens waren den jungen Menschen unwichtig. Man war idealistisch, vaterländisch und diskutierte leidenschaftlich in den Schulen, die damals viel stärker politisiert waren als heute. Die Gründe lagen nahe. Der verlorene Weltkrieg mit dem schmachvollen Versailler Vertrag, die junge Republik mit ihren 32 Parteien, die Inflation und die fatale Wirtschaftslage. Die Schüler diskutierten untereinander. Diskussionen mit den Lehrern waren verpönt, sogar verboten. Es gab nicht einmal an den Universitäten politische Vorträge.

Nach dem Abitur, das er 1931 in Landshut machte, studierte er zunächst in Berlin, dann in Aix en Provence und zuletzt in München, wo er später auch sein zweites Staatsexamen machte.

Als er sich an der Universität in Berlin einschrieb, wollte er die Einschreibgebühr mit einer bayerischen Banknote zahlen. Die Bayern, wie auch die Sachsen und noch einige andere Länder, hatten damals noch das Notenausgaberecht. Da der preußische Schalterbeamte die bayerische Banknote nicht akzeptieren wollte, mußte er sie bei der Dresdner- und Nationalbank, der Vorläuferin der heutigen Dresdner Bank, einwechseln. Die Dresdner- und Nationalbank geriet später in Schwierigkeiten, allerdings nicht wegen seiner bayerischen Banknote, wie er versichert.

In der Berliner Zeit hat er alle Reichstagssitzungen von Bedeutung und die meisten politischen Veranstaltungen im Sportpalast miterlebt. „Wir waren eine politische Generation. Die heutigen politischen Auseinandersetzungen sind ein mildes Gekräusel im Vergleich zu dem, was damals in Berlin los war." Höcherl kann sich noch gut an die Auftritte Göbbels im Sportpalast erinnern. „In den Sportpalast paßten 20 000 Menschen. Um 18.00 Uhr war Einlaß. Von da an bis um 20.00 Uhr wurde ununterbrochen Marschmusik gespielt – da waren dann alle schon b'soffen. Dann kam Göbbels mit einem riesigen Mercedes. Eine Karikatur in Uniform. Ganz klein und mager mit einem viel zu großen Kopf und einem Riesengefolge, so daß man ihn kaum sehen konnte. Dann brauchte er zwei, drei Minuten, und plötzlich bewegte sich die Masse, wie er wollte. Es war faszinierend und erschreckend zugleich."

Von den Abgeordneten des zweiten deutschen Bundestages dürfte Hermann Höcherl der einzige sein, der heute noch hin und wieder in den Schlagzeilen steht, obwohl er bereits 1976 Bonn den Rücken kehrte und sich in seine Regensburger Anwaltskanzlei zurückzog.
Fast immer ist es in Verbindung mit einem Tarifstreit. Siebenmal war er bisher erfolgreich als Schlichter zwischen Gewerkschaften und Arbeitgebern tätig und konnte Schaden abwenden. Wahrscheinlich hat er damit mehr Millionen eingespart als manche seiner noch aktiven politischen Weggefährten auf der Regierungsbank.
Es ist wohl diese zutiefst bayerische Eigenschaft, Konflikte dadurch zu lösen, daß man miteinander redet und Kompromisse findet – Politik auf dem Sofa hat er es einmal genannt –, die ihn, der stets eine gütliche Einigung unnützen Streitereien vorgezogen hat, zum erfolgreichsten Schlichter der Republik werden ließ. Detailkenntnis und ein unermüdlicher Fleiß waren dabei seine wichtigsten Begleiter. Das war schon so, als er als Agrarminister bei den legendären Brüsseler Nachtsitzungen noch deutsche Interessen zu vertreten hatte.

*

Hermann Höcherl, der sich in der Politik, und wohl auch im sonstigen Leben, als Pragmatiker sieht, hat in seinem ganzen Leben, wie er bekennt, noch nie ein politisches Programm zu Ende gelesen. Weder das seiner eigenen, noch das einer anderen Partei. Die meisten politischen Thesen sind ihm zu „unausgegoren, zu unwissenschaftlich, um nicht zu sagen laienhaft". Vom übertriebenen Ideologischen und von starren Prinzipien hält er nicht allzuviel. „Ich halte meine Prinzipien immer so hoch, daß ich bequem darunter hindurch kriechen kann." Der Mensch steht bei ihm im Vordergrund. Die größte Bedrohung des Menschen kommt für ihn durch die Macht. „Der Macht, der eigenen Macht, sind ganz wenige Menschen gewachsen. Das einzige Kraut, das es gegen die Bedrohung durch die Macht gibt, heißt Aufteilen. Wenn es auch dazu führt, daß Entscheidungen im Staat umständlich herbeigeführt werden müssen oder sogar zu spät kommen, ist es immer noch besser, als wenn sie durch das Diktat eines Einzelnen oder einer Machtgruppierung getroffen werden."
Hermann Höcherl, der heute noch in Brennberg eine Wiese von Hand mäht, wenn ihm danach ist, und der dem Wein stets mehr als dem Bier zugetan war – das machte ihn zu einem geschätzten Tischgenossen von Theodor Heuß –, sieht selbst so erhebende Momente wie die Ernennung zum Minister mit der ihm eigenen Skepsis. „Wenn Sie die Ernennungsurkunde vom Bundespräsidenten kriegen, sind Sie ja nicht plötzlich mehr, als Sie vorher waren. Zunächst werden Sie ein wenig verdorben durch das bißchen äußeren Glanz. Aber dann werden Sie auf einmal ganz einsam. Da sitzen Sie in Ihren vier Wänden mit Ihren Sorgen. Wenn man sich davon nicht lösen kann, wenn man von diesen Dingen abhängig ist und sie falsch einschätzt, dann ist man ein armer Tropf. Wenn dann noch dazu die Frau nicht mitmacht, weil sie auch zu spinnen anfängt, dann ist's ganz aus, da kann man dann nur noch weinen."

Münchner Weißwürste

600 g frischer Rückenspeck
1,4 kg Kalbsbrät
1/3 Zwiebel
100 g Häutelwerk (Schweineschwarte, gefieseltes Kalbfleisch, weich gekocht und abgekühlt)
6 g Pfeffer, 2 g Kardamom
4 g Macisblüte, 6 g Glutamat
etwas Petersilie
abgeriebene Schale von einer viertel Zitrone
Salz nach Geschmack
Schweinedärme Kaliber 28–30 mm ∅

Den Rückenspeck in der Küchenmaschine pürieren und das Kalbsbrät langsam untermischen, bis Brät und Speck sich zu einer homogenen Masse vereinen. Zwiebel und Häutelwerk durch die feine Scheibe des Fleischwolfs lassen und mit den Gewürzen zur Wurstmasse geben. Gut durchmischen und abschmecken. Die gut gereinigten Därme auf die Wursttülle (Aufsatzvorrichtung, über den Fachhandel oder in guten Haushaltsgeschäften zu haben) eines Fleischwolfs – Kreuzmesser und Lochscheibe entfernen – aufziehen und das Weißwurstbrät einfüllen. Das geschieht am besten zu zweit. Beim Aufziehen den Darm ca. 3 cm überstehen lassen. Sobald die Wurstmasse den Darm erreicht hat, einen fingerbreit abstreifen und abbinden. Die Weißwürste nunmehr in Abständen von 10 cm abbinden. Die Würste 20 Minuten bei 70° C brühen.
Die Masse ergibt ca. 25 Weißwürste.
Der Rückenspeck muß weich sein und das Kalbsbrät möglichst gekühlt sein, um eine gute Bindung zu gewährleisten.

Stockwürste

600 g frischer Rückenspeck
1,4 kg Kalbsbrät
1/3 Zwiebel
200 g Häutelwerk (Schweineschwarte, gefieseltes Kalbfleisch, weich gekocht und abgekühlt)
6 g weißer Pfeffer
2 g Kardamom
4 g Macisblüte
6 g Glutamat
etwas Petersilie
abgeriebene Schale von einer viertel Zitrone
Salz nach Geschmack
Rinderkranzdärme Kaliber 38 mm ∅

Den Rückenspeck in der Küchenmaschine weich pürieren und das Kalbsbrät unterheben, so, daß eine homogene Masse entsteht. Zwiebel und Häutelwerk durch die feine Scheibe des Fleischwolfs lassen und mit den Gewürzen zur Wurstmasse geben, untermischen und abschmecken. Die gut gereinigten Därme auf die Wursttülle des Fleischwolfs ziehen und wie im nebenstehenden Rezept verfahren, die Würste jedoch in kürzeren Abständen (ca. 7 cm) abbinden. Anschließend bei gleicher Temperatur (70°), aber doppelt so lange (40 Minuten) brühen.
Die Stockwürste sind die etwas robusteren Brüder der Weißwürste und können auch über das 12-Uhr-Läuten hinaus noch gegessen werden.

◁ Farbtafel: Briesmilzwurst

Schweinsbratwürste

1,65 kg Schweineschulter, wie gewachsen, abgeschwartet
1 Zwiebel
350 g Schweins- oder Kalbsbrät (gibt es beim Metzger fertig zu kaufen)
6 g weißer Pfeffer
7 g Muskatnuß
3 g Kardamom
3 g Piment
7 g Glutamat
1/2 EL Majoran
abgeriebene Schale von einer viertel Zitrone
Schafsaitlinge (Därme), 20–22 mm ∅ (über den Fachhandel oder den Metzger zu beziehen)

Die Schweineschulter mit der Zwiebel durch die grobe Scheibe des Fleischwolfs drehen und mit dem Brät und den Gewürzen gut durchmengen. Es empfiehlt sich, die Wurstmasse gut durchzukneten. Je länger dies geschieht, desto besser wird die Bindung. Das Brät, wie bei den Weißwürsten beschrieben, in die Schafsaitlinge füllen und in der üblichen Länge abbinden.
Man kann die Würste roh am Grill braten oder brühen, auskühlen lassen und dann braten. Die Brühzeit beträgt 15 Minuten bei 70° C.

Briesmilzwurst

1 kg Kalbsbries, gekocht, enthäutet und in fingerdicke Würfel geschnitten (die Briese wie bei „geprelltes Bries“, Seite 37 nachzulesen, vorbehandeln und kochen)
175 g Kalbsmilz gekocht und ebenfalls in kleine Würfel geschnitten (beim Metzger vorbestellen)
825 g Kalbsbrät (gibt es fertig beim Metzger zu kaufen)
1/3 Zwiebel, gehackt
abgeriebene Schale eines Zitronenachtels
frisch gehackte Petersilie
6 g weißer Pfeffer, 1 Prise Salz
Kunstdarm Kaliber 90 mm ∅ (im Fachhandel oder über den Metzger erhältlich)

Kalbsbries, Kalbsmilz und Kalbsbrät vorsichtig miteinander vermengen, so daß Bries und Milzstücke noch ganz bleiben. Würzen und die Masse in den Kunstdarm einfüllen, abbinden und 1 3/4 Stunden bei 75° C brühen.
Die kälberne Briesmilzwurst, eine Alt-Münchner Spezialität, kann frisch aus dem Sud verzehrt werden, oder, etwas ausgekühlt, in Butter gebraten bzw. in Semmelbrösel paniert und ebenfalls in Butter gebraten.
Die Briesmilzwurst kann statt in einem Kunstdarm auch sehr gut in einer mit Alufolie ausgeschlagenen Terrinenform (oder entsprechender Kuchenform) im Wasserbad bei gleicher Temperatur und Garzeit pochiert werden. Am besten einen Tag ruhen lassen und dann wie üblich zubereiten.

Die Wurstrezepte auf dieser und der gegenüberliegenden Seite sind Originalrezepte von Heinz Wallner, Metzger und Wirt der Gaststätte Großmarkthalle in München.

Sie hat die erdhafte Schönheit mancher Niederbayerinnen. Den kleinen Mund, die etwas schwermütigen Augen. Und die sanfte, eher beiläufige Stimme. Sie hat etwas zurückhaltend Scheues und vorwärtsdrängend Entschlossenes. Sie ist überzeugt, daß sie von den Hunnen abstammt und glaubt fest, daß unsere Bäume nach Kanada auswandern, weil wir sie schlecht behandeln und aus demselben Grund unsere Berge zu rutschen anfangen.
Sie ist eine Zauberin und Menschenmischerin, eine Alchimistin und Köchin.
Sie selbst sieht sich als eine fortwährend Schwangere, die unentwegt etwas auf die Welt bringt, und als eine Mutter der Schutzlosen. Man hat sie auch den guten Geist und die Mutter der Subkultur genannt, und viele meinen, sie sei das Beste, was dem deutschen Film in letzter Zeit passiert ist.

*

Marianne Sägebrecht ist am 27. August 1945 in Starnberg als Halbwaise auf die Welt gekommen. Ihr Vater war ein halbes Jahr vor ihrer Geburt, im April 1945, gefallen.
Aufgewachsen ist sie in dem 450-Seelen-Dorf Bachhausen, an der Ostseite, der ärmeren Seite des Starnberger Sees.
Ein frühes Kindheitserlebnis, das sich allerdings nur im Unterbewußten abgespielt haben konnte – sie war damals zweieinhalb Jahre alt –, hat sie entscheidend geprägt. Im Jahre 1947 gab es für ihre Mutter, die mit 24 Jahren Kriegerwitwe geworden war und zwei Jahre später ein uneheliches Kind, Mariannes Halbschwester, zur Welt brachte, im elterlichen Anwesen, einer Gärtnerei, keinen Platz mehr.
So machte sie sich mit einem Kinderwagen und den beiden kleinen Mädchen auf die Suche nach einer Bleibe; im Landkreis Starnberg in den ersten Nachkriegsjahren – trotz Wohnungszuweisung des Bürgermeisteramtes – ein fast aussichtsloses Unterfangen.
Die Härte der Bauern, das Stereotype – mir ham koan Platz für di – schau daß'd weida kimmst mit deine zwoa Bangert –, hat die kleine Marianne sicherlich nicht verstanden. Aber sie ist überzeugt, daß die Bedeutung der Worte tief in sie eingedrungen ist. Dies und die Verzweiflung der Mutter, die mit den Kindern in Scheunen und Schobern übernachtete, bis sie schließlich bei einem Bauern doch noch einen Platz fanden und sie als Näherin für die umliegenden Höfe sich und ihre beiden Kinder die nächsten Jahre über Wasser halten konnte.
1954 bekam die Mutter dann eine feste Anstellung in der Nähstube des Kreiskrankenhauses und eine Wohnung. Es begann so etwas wie eine bürgerliche Existenz.
All dies hat sich in Marianne festgesetzt. Auch das Unglück der Urgroßmutter, einer reichen Bauerstochter aus dem Chiemgau, die vom Hof verjagt und von der Kanzel herunter als Sünderin geschmäht wurde, weil sie als Ledige ein Kind zur Welt gebracht hatte.
Sie sieht diese Frauenschicksale als einen Teil ihrer selbst, „das ist alles in mir drin"; auch die Großmutter, von der sie sagt, sie habe ihr beim Filmen in der Mohave-Wüste immer über die Schulter geschaut und gesagt: „Gell – blamier' uns net."
Viel von der Solidarität mit den Getretenen und Geschlagenen, den Gestrauchelten und Aus-der-Bahn-Geworfenen, den Randgruppen und Minderheiten rührt aus diesen frühen Kindheitserlebnissen.
Manches davon war schon sehr früh erkennbar, mochte wohl auch kindlicher oder jugendlicher Trotz sein. Als Zehnjährige holte sie ein gleichaltriges Zigeunermädchen aus der Filzn, einer moorreichen Gegend an der Ostseite des Starnberger Sees, und spazierte mit ihr Hand in Hand demonstrativ durch das Dorf.
Die Bewohner der Filzn galten als G'schwerl. Abschaum, mit dem man nicht verkehrte. Seßhaft gewordene Zigeuner, Kesselflicker und Gelegenheitsarbeiter, die, wie man sagte, von Gefängnisinsassen abstammten, welche einst von König Ludwig I. als Gegenleistung für den Bau eines Knüppeldammes von Aufkirchen nach Wolfratshausen amnestiert worden waren und sich in der Filzn ansiedeln durften und sogar eine eigene Sprache entwickelten.

Als Vierzehnjährige färbte sie sich aus Solidarität mit den Zigeunern die Haare rot und mit fünfzehn suchte sie das Gespräch und die Freundschaft mit Prostituierten und fuhr deshalb nach München, weil es in Starnberg keine gab. Die Neugier auf Menschen und Dinge war stets ein wichtiger Motor.
Die wichtigste Person im Leben war aber immer die Mutter. Das Staunen der Mutter über die Blume, die da in ihrem Garten gedieh. „Sie hat mich einfach wachsen lassen. Da kriegt man Kraft. Die Gesellschaft macht einen ohnehin kleiner und schneidet ab, wo es etwas abzuschneiden gibt."

*

Die Schatzgrube ihrer Kindheit war eine Kiesgrube. Aus dem Gerümpel, das die Leute dort hineinwarfen, aus alten Hutschachteln, Regenschirmen, Kleinmöbeln baute sie ihre ersten Bühnenlandschaften und Requisiten. Auch heute noch stöbert sie am liebsten auf Dachböden oder in Abstellkammern auf der Suche nach Brauchbarem für ihre Veranstaltungen.

Marianne Sägebrecht hat nie Schauspielunterricht gehabt oder eine Schauspielschule besucht. Der Weg zum Theater und später zum Film führte über die Münchner Kneipen- und Kleinkunstszene der siebziger Jahre.
Die Schwabinger Wirtin, Entertainerin und spätere Theaterbesitzerin hatte sich damals sehr bald einen Namen gemacht und nicht nur viel Lob bekommen, sondern auch etliche Preise.
1979 entdeckte sie der Münchner Filmemacher und Regisseur Percy Adlon in der Sperr-Inszenierung der „Adele Spitzeder" und schrieb ihr den inzwischen mehrfach preisgekrönten Film „Zuckerbaby", die bittersüße, umwerfend komische Romanze zwischen einer dicken g'schlamperten Leichenbestatterin und einem U-Bahn-Führer auf den Leib, oder, wie sie selbst es sagt, um den Leib herum.

Der Film fand im Ausland fast noch größere Beachtung als hierzulande. Mehr durch Zufall gelangte er über das Goethe-Institut nach Amerika, wo er bei den New Yorker Filmfestspielen einen Riesenerfolg hatte. Schuld daran mag neben der außergewöhnlichen Darstellerkunst Marianne Sägebrechts und Eisi Gulps auch die große menschliche Wärme sein, die von diesem Film ausgeht und nicht zuletzt das drollige bayerische Englisch der Hauptdarstellerin, die ihren Film selbst ins Englische synchronisierte.
Die Idee zum Film kam von ihr selbst. Sie hat das Tabu, das den Beruf der Leichenwäscherinnen umgibt, im Krankenhaus kennengelernt, als sie während ihrer Lehre als Arzthelferin bei einem Internisten dort an den Wochenenden arbeitete. Ein Tabu, das ihr unverständlich ist. Für sie ist die Leichenbestatterin eine Hebamme am anderen Ende. Einem Ende, das zu einem neuen Anfang führt.

*

Was sie in ihrer Zeit als Arzthelferin, zuerst bei dem Internisten und später bei einem Psychiater lernte, ist ihr heute noch gegenwärtig, hat ihr viel Verständnis für menschliche Krisen gegeben und den Blick für Inhalte geschärft. Deshalb übernimmt sie auch keine Rollen, die nicht glaubhaft sind. Überhaupt ist es mit dem Theater- und Filmemachen so eine Sache, wie sie sagt. „Das wichtigste ist die Balance. Daß man nicht denkt, die Kunst ist wichtiger als das Leben. Da muß man aufpassen." Sie selbst sieht sich da nicht gefährdet. Wenn sie ein soziales Thema packt, dann klinkt sie sich aus und pausiert, wenn es notwendig erscheint, auch ein ganzes Jahr, um irgendetwas anderes zu tun. „Es gibt soviel Arbeit, man soll sich da nicht beim Theater verströmen." Sie macht lieber den Weg „von hier nach da", als sich in irgendwelchen Höhen zu verlieren. Ganz besonders freut sie sich über die Akzeptanz durch die Jugend, die ihr immer wieder zu erkennen gibt, „daß sie glaubt, was ich spiele und was ich sage. Da kann man auch einmal schwach sein. Aber der Unterboden muß stimmen."

Der Aufbau eines Theaterstückes oder Films hat für sie eine große Ähnlichkeit mit dem Aufbau eines mehrgängigen Essens, und bei dem einen wie beim anderen erscheint ihr das wichtigste, daß den Leuten hinterher nicht schlecht wird.
Das ganze Jahr über Theater zu spielen oder Filme zu machen, lassen ihre, wie sie es nennt, heidnisch-katholischen Urwurzeln nicht zu. Theater machen, das muß sein wie das Feiern von Festen. In Intervallen und mit dem nötigen Abstand.

Marianne Sägebrecht ist über den deutschen Film hereingebrochen wie ein Naturereignis. Percy Adlon, der mit ihr nach „Zuckerbaby" den mittlerweile fast noch erfolgreicheren Film „Out of Rosenheim" mit dem Altstar Jack Palance und Carol C. H. Pounder in Amerika drehte – wo er unter dem Titel „Bagdad Cafe" so etwas wie ein Kassenschlager geworden ist und besonders bei den jungen Leuten großen Zulauf findet –, rühmt die „Leuchtspur ihrer Herzlichkeit" und freut sich mit vielen in der Branche über dies Atom, das aus der Reihe tanzt und alle Normen wegfegt.
Bei manchen der Schauspielkolleginnen mag auch angesichts der Tatsache, daß Marianne Sägebrecht mit „Moon over Parador" mit dem Hollywood-Regisseur Paul Mazursky sicherlich einen weiteren Erfolg einheimsen wird, auch wenn sie dort nur eine kleine Rolle hat, so etwas wie Neid oder Eifersucht aufkommen. Marianne ficht das wenig an. Im Augenblick sind ihr die Vorbereitungen für ihr nächstes Projekt „Hortus" wichtiger. Ein Garten, der, wie einst die Gärten der Römer, den Menschen ein Hort der Freude, des Spieles und der geistigen wie leiblichen Speisung sein soll.
Am liebsten wär ihr für diesen „Hortus" ein kleines Stück vom Englischen Garten in München, der ja bekanntlich im Jahre 1989 seinen zweihundertsten Geburtstag feiert. Es wäre auch ein schönes Geschenk für die Münchner Bürger und sicherlich im Sinne Graf Rumfords, der ja bekanntlich seinerzeit nicht nur den Englischen Garten zur Freude und Erholung für Reich und Arm geschaffen hat, sondern auch noch zur Speisung der Armen die nahrhafte und kräftigende Rumfordsuppe erfunden hat.
Wenn es mit dem Englischen Garten nicht klappt, wird sich Marianne Sägebrecht, da sie keine hohen Ansprüche stellt, wie in ihrer Kindheit auch mit einer Kiesgrube zufrieden geben.
Und wie damals wird sie sie sicherlich zum Blühen bringen.

Münchner Leberkäs

700 g frischer Schweinespeck
700 g Schweineschulter
700 g Rindfleisch, mager
36 g Pökelsalz
1/2 Zwiebel
10 g weißer Pfeffer
4 g Muskatnuß, 2 g Kardamom, 2 g Koriander

Speck, Schweineschulter und Rindfleisch durch die feine Scheibe des Fleischwolfs drehen, mit Salz und etwas gestoßenem Eis im Mixer fein pürieren. Die Zwiebel und Gewürze dazugeben und nochmals pürieren, bis eine homogene Masse entstanden ist. Die Leberkäsmasse in eine Kastenform füllen und bei 180° C im Backofen in ca. 1 1/2 Stunden herausbacken.
Seltsamerweise heißt der einzige Leberkäs, bei dem in München auch Leber zu finden ist, Stuttgarter Leberkäs! Und der Leber enthaltende Leberkäs, der in Stuttgart verkauft wird – Münchner Leberkäs.

Süßer Senf

250 g brauner Zucker
250 g gelbes Senfmehl
125 g grünes, entöltes Senfmehl
0,7 l Bieressig oder Weinessig
0,7 l Wasser, 1 TL Salz

Den Zucker mit den beiden Senfmehlsorten vermengen. Essig mit Wasser aufkochen, das Salz dazugeben und die Flüssigkeit noch heiß über die Zucker-Senfmehl-Mischung gießen. Gut verrühren und erkalten lassen.

Regensburger

1,3 kg Schweineschulter, entschwartet
26 g Pökelsalz
10 g weißer Pfeffer
6 g Macisblüte
6 g Koriander
3 g abgeriebene Zitronenschale
10 g Glutamat
700 g Aufschnittgrundbrät, vom Metzger zu beziehen
Rinderkranzdärme, Kaliber 40/43 mm ⌀

Die Schweineschulter mit Salz und Gewürzen durch die grobe Scheibe des Fleischwolfs drehen und über Nacht durchziehen lassen. Am nächsten Tag das Brät und das durchgelassene Schweinefleisch kräftig vermengen, in den Rinderkranzdarm füllen und in Abständen von ca. 7–8 cm binden, wie auf Seite 48 beschrieben. Sofort heiß räuchern und anschließend bei 80° C 40 Minuten lang brühen. Vor dem Verzehr auskühlen lassen.
Die Regensburger sollten jeweils ein Gewicht von ca. 80 g haben.
Regensburger schmecken gut zu Kartoffelsalat – aber auch zu Kraut. Für den Wurstsalat sind sie fast zu schad! Da sollte man lieber „Dicke" nehmen, die trotz des feineren Bräts etwas einfacher im Geschmack sind und sich deshalb gut mit Essig und Öl vertragen. Laut Hermann Höcherl gibt es die besten Regensburger in Regensburg und um Regensburg herum.

◁ Farbtafel: Münchner Leberkäs

Preßsack, schwarz

250 g Schweineschwarten
1 ganzer Schweinskopf
1/2 Zwiebel
1/2 Zeherl Knoblauch
40 g Salz
10 g schwarzer Pfeffer
10 g Piment, gemahlen
5 g Nelken, gemahlen
1/4 Liter Blut
1 Saumagen oder Kunstdarm, Kaliber 100 mm ∅

Die Schweineschwarten 2 Stunden und den Schweinskopf 1 1/4 Stunden kochen. Den ausgelösten Schweinskopf in fingerdicke Würfel schneiden, die gekochten Schwarten, Zwiebel, Knoblauch durch die feine Scheibe des Fleischwolfs drehen, das Salz, Gewürze, Blut dazugeben und gut vermengen.
Die Preßsackmasse entweder in den gutgewaschenen Saumagen oder in einen Kunstdarm füllen und in kochendes Wasser geben. Nach 5 Minuten die Temparatur auf 85° C absenken und 2 Stunden brühen. Anschließend abkühlen lassen.
Der Preßsack ist eine typische Brotzeitwurst, die, in dicke Scheiben geschnitten, entweder nur mit Senf oder angemacht, in Essig und Öl, zur Nachmittags-Brotzeit gegessen wird.

Preßsack, weiß

2 halbe Schweinsköpfe ohne Backen
2 ganze Schweinszüngerl
1 Schweinsherz
60 g Pökelsalz
60 g Gelatine oder Aspikpulver
1/2 l Wasser
15 g weißer Pfeffer
abgeriebene Zitronenschale
1/8 l Weinessig
ein Spritzer Maggi
1 kleingeschnittene Zwiebel
1 kleingeschnittene Essiggurke
Kunstdarm Kaliber 100 mm ∅

Die halben Schweinsköpfe, Züngerl und Herz mit 40 g Pökelsalz 2 Tage einsalzen und kalt stellen.
Nach dem Pökeln die Köpfe 1 1/4 Stunden, Herz und Züngerl 1 Stunde kochen und dann in feine Streifen schneiden. Gelatine oder Aspikpulver in 1/2 l Wasser auflösen, Gewürze, Essig, Maggi, Zwiebel, Essiggurke und das restliche Pökelsalz dazugeben und gut vermengen. In Kunstdärme füllen und bei 85° C eine halbe Stunde brühen, abkühlen lassen.

Die Wurstrezepte auf dieser und der gegenüberliegenden Seite sind Originalrezepte von Heinz Wallner, Metzger und Wirt der Gaststätte Großmarkthalle in München.

Saures Züngerl mit Knödel

800 g Kalbslunge
1 Zwiebel mit Lorbeerblatt und Nelke gespickt
3 Petersilienwurzeln oder 1 Stück Sellerie
1 gelbe Rübe
1/2 Stange Lauch
6 Wacholderbeeren
6 Pfefferkörner
60 g Bratfett
60 g Mehl
1/8 l Weinessig
Salz, Pfeffer, Zucker, abgeriebene Zitronenschale

Die gut gewässerte und gereinigte Kalbslunge in kaltem Wasser aufsetzen, das Suppengemüse und die Gewürze dazugeben und ca. 1 1/2 Stunden zugedeckt auf kleiner Flamme weichkochen. Zur Garprobe mit einem spitzen Messer am dicken Teil einstechen. Die Lunge darf innen noch ein klein wenig rosa sein. In leicht gesalzenes kaltes Wasser zum Auskühlen legen, dann in eine Schüssel geben und mit einem Teller oder Brett beschweren. Anschließend in feine, kurze Streifen schneiden. Aus dem Fett und dem Mehl eine dunkle Einbrenne herstellen, mit der Lungenbrühe aufgießen und kurz aufkochen. Mit Essig, Salz, Pfeffer, einer Prise Zucker und abgeriebener Zitronenschale abschmecken und die Lunge dazugeben. Nochmals auf kleiner Flamme kurz erwärmen und in einem Suppenteller mit Semmelknödeln servieren.

◁ Farbtafel: Saures Lüngerl mit Knödel

Beuscherl

400 g Kalbslunge
400 g Kalbsherz
1 Zwiebel, mit Nelke und Lorbeerblatt gespickt
3 Petersilienwurzeln oder 1 Stück Sellerie
1 gelbe Rübe
1/2 Stange Lauch
6 Wacholderbeeren
6 Pfefferkörner
60 g Bratfett
60 g Mehl
Salz, Pfeffer, abgeriebene Zitronenschale, Majoran, Thymian
1/8 l Weinessig
etwas Zitronensaft, 1 Prise Zucker

Das gut gereinigte Herz und die gewässerte Lunge kalt aufsetzen, die gespickte Zwiebel, das Suppengemüse und die Gewürze zugeben und aufkochen lassen. Zugedeckt auf kleiner Flamme ca. 1 1/2 Stunden kochen und dann die Lunge herausnehmen (Garprobe siehe nebenstehendes Rezept). Das Kalbsherz weiterkochen, bis es weich ist. Die Lunge auskühlen und in feine Streifen schneiden. Sobald das Herz weich ist, herausnehmen und ebenfalls in dünne kurze Streifen schneiden. Vorhandene Knorpel etc. entfernen. Aus Fett und Mehl eine braune Mehlschwitze bereiten, mit dem Beuscherlsud aufgießen, aufkochen und mit den Gewürzen, Essig und etwas Zitronensaft sowie einer Prise Zucker abschmecken.
Man kann auch noch, nachdem das Beuscherl eigentlich eine Wiener Erfindung ist, das sogenannte Beuscherlkraut, d. h. Kapern, Salzgurken, in Streifen geschnittene Zitronenschale und ein feinzerdrücktes Sardellenfilet dazugeben.
Das Beuscherl in der sämigen Sauce erwärmen und mit einem Semmelknödel im tiefen Teller servieren.

Voressen (Kutteln)

1 kg Kutteln
1 Bund Suppengemüse (Sellerie, Karotte, Lauch)
50 g Mehl
50 g Fett
1 gespickte Zwiebel (2 Nelken, 2 Lorbeerblatt)
6 Wacholderbeeren
6 Pfefferkörner
1/8 l Weinessig
Salz, Pfeffer
etwas abgeriebene Zitronenschale

Die Kutteln, soweit sie nicht schon vom Metzger vorgekocht sind, gut reinigen und wässern. Kalt aufsetzen, aufkochen, abgießen und nochmals kalt aufsetzen. Das Suppengemüse beifügen und insgesamt 5 Stunden langsam kochen. Zum Auskühlen in kaltes Salzwasser legen und anschließend in feine Streifen schneiden. Aus Mehl und Fett eine Mehlschwitze bereiten, mit Kuttelbrühe oder bei fertig gekauften Kutteln Fleischbrühe bzw. Wasser aufgießen, die Spickzwiebel und die Gewürze beifügen, gut durchkochen und mit Weinessig, Salz, Pfeffer und etwas abgeriebener Zitronenschale abschmecken. In der sämigen Sauce die Kutteln erhitzen und in Suppenteller schöpfen.
Man kann, will man die Kutteln als Hauptgericht servieren, geröstete Kartoffeln dazugeben.
Man kann aber auch, wie der Name Voressen besagt, sie nach der Kirche und vor dem Mittagessen, wie das früher bei Bauernhochzeiten üblich war, auftragen. In diesem Fall gibt man eine Semmel dazu.
Sigi Sommer sagt: „Voressen räumt den Magen auf und macht lustig."

Saures Herz

2 Kalbsherzen
1 Spickzwiebel (Nelken und Lorbeerblatt)
1 Bund Suppengrün
1/8 l Essig
6 Wacholderbeeren
6 Pfefferkörner
Salz, Pfeffer

Die Kalbsherzen unter fließendem Wasser gut reinigen, aufschneiden und im Innern ebenfalls von allen Blutgefäßen, Häuten etc. befreien, nochmals gut waschen und dann 1 Stunde in kaltes Wasser legen.
Die Herzen in kaltem Wasser mit der Spickzwiebel, dem Suppengrün sowie dem Essig und den Gewürzen aufsetzen, zum Kochen bringen und auf kleiner Flamme weich kochen (ca. 1 3/4 Stunden).
In nicht zu feine Scheiben schneiden und mit grobem Salz und Pfeffer aus der Mühle wie Tellerfleisch servieren.
Saures Herz ist ein Brotzeit-Schmankerl, das am besten vormittags und möglichst schlachtfrisch gegessen wird.

Ausschauen tut er grad wie 's Gegenteil vom Blasius, dem Spaziergänger, dieser von ihm vor beinahe vierzig Jahren in einer wöchentlichen Kolumne zu neuem Leben erweckten Figur des ewig grantelnden Münchners, der kleinwüchsig, kurzhalsig und kugelköpfig mit Hacklstecken und Goggs der unzulänglichen Welt auf den verkommenen Leib rückt und mit untrüglichem Spürsinn für die kleinen Schwachstellen den Finger immer da hinlegt, wo 's wehtut.
Nein, nicht wie Blasius, schon eher wie ein Veteran des amerikanischen Sezessionskrieges oder, wie er selbst es vielleicht beschreiben würde, wie Häuptling Wangu vom Stamme der Kniaschnackler-Apachen, der mit einer Baseballmütze auf dem kantigen Schädel an einer einsamen Tankstelle auf einem ebenso einsamen Arizona Highway geduldig auf etwas wartet, von dem er nicht weiß, ob es gut oder schlecht für ihn ist oder überhaupt kommt.

*

Hager, um nicht zu sagen zaundürr, verkörpert er schon rein äußerlich jenen Typus von Bayern, der, eingesprenkelt wie Quarzadern im Gestein, seit jeher das zähere Element dieses ohnehin nicht zur Verweichlichung neigenden Volksstammes darstellt und hauptsächlich isaraufwärts zu finden ist.
Bei ihm gesellt sich aber zur Zähigkeit noch eine Spur Melancholie und eine unerwartete Weichheit des Herzens. Das Zähe in ihm mag von der Großmutter sein, das weiche Herz wohl vom Vater, der ein großer Tierfreund war.
„Vierazwanzg Kanarienvögl und nix z' essen dahoam. Aber verhungert san ma net. Mir net und d' Vögel a net. Für de hab i oiwei Fliagn fanga müaßn. I bin ja liaba auf d' Gassn ganga, aber de Fliagn hab i gfanga in de Stiagnhäuser, weil ma's sonst net durchbracht hättn."
Nun ist es zwar eine weithin bekannte Tatsache, daß Kanarienvögel reine Körnerfresser sind und eine Fliege nicht einmal anschauen, geschweige sich einverleiben würden, vielleicht waren aber die Untersendlinger Stiegenfliegen besonders schmackhaft, oder die Kanarienvögel vom Sigi Sommer besonders hungrig – bekanntlich frißt ja sogar der Teufel in der Not Fliegen.
Vielleicht waren die Kanarienvögel auch gar keine Kanarienvögel, sondern Nachtigallen oder Schwalben, die es ja damals in Untersendling noch gegeben haben soll.
Der Vater von Sigi Sommer hat jedenfalls einmal an der Frauenkirche eine Mauerschwalbe mit einem gebrochenen Flügel gefunden. Er hat sie mit nach Hause genommen und geschient und nach vier Wochen zurückgetragen, um zu sehen, ob sie schon fliegt. Sie sind auf den Turm gestiegen und der Vater sagte zum Sigi: „Bua, mir san ja no nia a fromme Familie g'wesn, aber jetzt bet'st zum Manitou, daß s' wieder fliagt."
Der Sigi hat auf dem Turm von der Frauenkirche zum Manitou gebetet und der Vater hat die Mauerschwalbe rausgeworfen, und sie flog. Sie drehte noch eine Ehrenrunde um die beiden Türme und weg war sie.
Da sind dem Sigi die Tränen gekommen.

Der Vater vom Sigi Sommer war Gründer und Erster Vorsitzender des einzigen Cowboy-Clubs, den es damals in München gab. Nachdem zu einem Cowboy-Clubvorsitzenden unbedingt ein Pferd gehört, man zwar grad noch vierundzwanzig Kanarienvögel, aber keinen Gaul durchfüttern konnte, hat ihm der Rittmeister Fegelein, eine seinerzeit in München sehr bekannte Figur, einen Rappen jeden Sonntag vor die Tür gestellt, worauf dann der „Fred", wie ihn alle nannten, gestiefelt und gespornt mit Cowboy-Hut und Breeches unter dem Beifall der ganzen Nachbarschaft seinen Sonntagsausritt machte.

Geboren und aufgewachsen ist der Sommer Sigi in Untersendling im Bruder-mühlviertel. Untersendling war damals noch Vorstadt mit Fabriken neben den Mietshäusern, aber auch üppigen Wiesen und Äckern, auf denen im Sommer das Korn

mannshoch stand. Die Straßen waren noch keine Verkehrsadern, und es gab noch kleine Bacherl mit Eidechsen und Fischerl, die der Sigi und seine Freunde auf Steckerl spießten und über offenem Feuer brieten.
Die Isartalbahn fuhr noch durch nach Thalkirchen und die Lokführer warfen den Kindern Kohlenbrocken zu, die sie beim Kramer gegen Guatln oder Schusser eintauschten. Die Schusser waren „Loambatzn", fünf für einen Pfennig. Keine Glaskugeln, denn reiche Leute gab's in Untersendling nicht.

*

1928 war er in der Grotzinger Hauptschule der Schüler mit dem besten Abschlußzeugnis seit fünfzig Jahren. Neun Einser in den Haupt- und Nebenfächern, dazu noch je einen für Fleiß und gutes Betragen. Dann kam die Lehrzeit. Es hat keine Lehrplätze gegeben. Büchsenmacher wollte er werden. Dazu hat er extra die Silberbüchse von Old Shatterhand nachgebaut. Es nützte trotzdem nichts. Er bekam dann in der Sternstraße eine Lehrstelle bei einem Elektroinstallateur. Dem mußte er immer Liebesbrieferl austragen. „Der war ja so ein Hasenjäger. Und schlecht zoit hot der."
Es war tatsächlich nicht viel. Im ersten Jahr eine Mark, im zweiten zwei Mark und im dritten drei Mark pro Woche. Jahrzehnte später hat er ihm in der Zeitung einen Nachruf geschrieben, frei nach Friedrich Schiller: „Meister, lieber Meister, Du zahltest gar so schwer..."
Mit der Liebe ging's damals nicht so schnell wie heut bei den jungen Leuten. „Da ham de Madl no kuglsichere Schlüpfer o'ghabt. Unten mit an Gummibandl, des war so fest wia'ra Draht. Da is nix ganga. Hie und da ham ma an Bus'n o'schaugn derfa, aber da war ja no nix dro."
Es kam die Zeit der ersten Liebesbriefe und der ersten Gedichte. Eines war besonders schaurig-schön:

Lebwohl und laß mich still verbluten
Denk an meine Liebe nie zurück
In meiner heißen Tränen Fluten
Verberg ich still mein kurzes Glück.

Lange Haare, „Stritzi-Haar" und Koteletts hat er im zweiten Lehrjahr immerhin schon gehabt. Und Tango hat er auch schon getanzt. Selbst Seitenpromenaden und komplizierte Figuren. Später, in Berlin, sollte er als Eintänzer sogar Geld damit verdienen. Das war im Delphi und in der Femina, den beiden ersten Tanzlokalen am Platze. Aus dieser Zeit rührt auch noch seine Freundschaft mit Teddy Staufer, dam wohl bekanntesten deutschen Vorkriegskapellmeister, der heute in Acapulco lebt.

Nach der Lehre hat's keine Arbeit gegeben. Die jungen Leute gingen schon morgens um sechs in den Wald zum Holzsammeln oder auf die Äcker zur Kartoffelnachlese. Halfen beim Oktoberfest an den Karussells und Schiffschaukeln oder an den Schießbuden. Man machte alles, was ein wenig Geld brachte. Es war die Zeit der großen Depression. „De Zeit war schlecht, aber d'Menschn warn guat."
1932, mit achtzehn, ging er nach Berlin. Dort erschien in der renommierten Zeitschrift „Jugend" seine erste Kurzgeschichte. Es folgten weitere kleine Geschichten und Skizzen in der „Jugend" und im „Berliner Mittag". Seine eigentliche journalistische Tätigkeit hat aber dann doch in München begonnen – als Sportberichterstatter für die Zeitschrift „Der Boxer", die von Joe Biewer herausgebracht wurde. Für die war er in ganz Deutschland unterwegs und hat keinen Boxkampf ausgelassen. Er kannte jeden im Boxsport, der einen Namen hatte, und war mit vielen befreundet. Auch mit Max Schmeling, den er noch als Halbschwergewichtsmeister erlebte. Sigi Sommer war selbst bayerischer Jugendmeister im Federgewicht und fuhr, was wenig bekannt ist, mit Franz Josef Strauß Radrennen auf der Amorbahn.
„Der Strauß, muaß i sagn – allen Respekt –, wenn der an Buckl g'macht hat, is g'fährlich worn. Da hast bloß no an Buckl g'segn und d' Nosn am Vorderradl und weg war er. Und a Kraft hat der g'habt. Mit dem hast de net

o'legn braucha. Mir ham'n alle respektiert, weil er a Sportsmann war und a guater Kamerad. A prima Spezl."

Noch vor dem Krieg, den er von Anfang bis Ende in Rußland verbringen sollte, wo er dreimal verwundet wurde, begann er für die Münchner Neuesten Nachrichten zu schreiben. Seine erste Geschichte nach dem Krieg, eine Weihnachtsgeschichte, erschien im Dezember 1946. Karl Valentin, der Anfang 1948 an Unterernährung starb – der Münchner Kulturdezernent schrieb damals voller Bitternis: „die Münchner haben ihren Valentin verhungern lassen" –, hat ihm dazu in einem Brief spontan geschrieben: „Nur ein Schriftsteller mit einem guten Herzen kann so etwas schreiben."

Akribisch und liebevoll, manchmal auch boshaft, mitunter melancholisch tiefgründig, meist aber wortspielerisch schlenkernd, immer das Lachen und das Weinen aus demselben Mundwinkel holend, hat er mehr als vierzig Jahre lang das Leben seiner Stadt beschrieben.

Seit dem Hofpoeten Mathias Etenhueber, der in seinem zwischen 1759 und 1780 herausgebrachten Münchner Wochenblatt das Leben und Treiben seiner Zeit in mehr als 100 000 Versen festhielt, hat es in München keinen so fleißigen Chronisten mehr gegeben. Und keinen so eigenwilligen und wortschöpferischen. Hans F. Nöhbauer nennt ihn in seiner „Kleinen baierischen Literaturgeschichte" „einen Schöpfer und Kartographen des Neuen Münchner Jargons, in dem sich die Luggi- und Strizzi-Sprache auf die vergnüglichste Weise mit der Sprache der Schickeria mischt." Nur, meint er, ist der Sigi Sommer sehr viel witziger, als es die beautiful people je sein können.

Mehr als zweitausend Geschichten und G'schichtln hat er geschrieben und an die dreißig Bücher. Die meisten davon wurden in die gängigen Weltsprachen, einschließlich japanisch und russisch, übersetzt. Sein wichtigstes Werk, den 1953 erschienenen Roman „Und keiner weint mir nach" hat Bert Brecht einst den bedeutendsten Roman genannt, der in den fünfziger Jahren in Deutschland erschienen ist.

Mit Brecht hat er sich oft getroffen. Aber nicht um fachzusimpeln, sondern zum „Brotzeitmacha". Brecht kannte jedes Schmankerl und liebte vor allem saure Leber und Nieren.

Sigi Sommer ist selbst längst zu einem Stück Münchner Geschichte geworden und sein Stammtisch im Augustiner Bierkeller zu einer illustren Tafelrunde auserwählter Ritter des Maßkrugs, deren eigener Glanz nur noch übertroffen wird von dem gelegentlich vorbeischauender Ex-Kaiserinnen oder Alt-Bundespräsidenten. An seinem 70. Geburtstag hat er Fünftausend unter die schattigen Kastanien geladen. Es wurde einer jener ganz besonderen Abende, die lange in der Erinnerung haften bleiben, als zu später Stunde noch Max Schmeling zur Gratulationscour erschien und alle Fünftausend wie ein Mann aufstanden und „Max, Max" schrien.

Vierundsiebzig ist er jetzt. Die Zeit der schnellen Tangoschritte ist längst vorbei, wie die des kraftvollen Antritts beim Radrennen. Ganz zu schweigen vom Auspendeln des Gegners im Boxring. Aber Schlager pfeift er noch wie ein Zwanzigjähriger und um seine Figur könnte ihn manch verfetteter Mitvierziger beneiden.

Der Faden ist abgebunden, wie er sagt. Aber das Herz ist junggeblieben und die Neugier aufs Leben ist noch da wie eh und je. Das Staunen, das ihn seit seiner Kindheit nicht verlassen hat, und die große Verwunderung darüber, wie alles gekommen ist.

Keiner vor ihm hat die kleine Welt der Münchner Vorstadt so beschrieben wie er. Und keiner nach ihm wird sie mehr so beschreiben können. Es gibt sie nicht mehr. Sie nicht und nicht die Dreiquartel-Privatiers und kleinen Handwerker, die Stenzn und die Flitscherl. Nicht mehr die Leonhard Knies und nicht mehr die Marillis.

Und es wird keinen mehr geben wie ihn. Oder – um es mit zweien seiner Bücher zu sagen: Das gabs nur einmal. Das kommt nicht wieder.

Ein g'standner bayerischer Mensch jüngeren Alters, dem, so schaut es auf dem Bild jedenfalls aus, hinter dem rechten Schulterblatt eine Haltevorrichtung für einen Flügel herausragt. Ein bayerischer Engel also. Aber ein Einflügler. Und zudem einer, der mehr zu Fuß als auf seraphischen Flügeln unterwegs ist, wenn er auf Bayerns heiligem Berg, dem Kloster Andechs, seinen Pflichten als Bruder Zellerar nachkommt.
Ein wenig ähnelt er dem jungen Thoma – ohne dessen Kantigkeit. Dafür ist da eine pausbäckige Fröhlichkeit und Frömmigkeit, die an dieser altehrwürdigen Pilgerstätte der Durstigen ganz besonders zu gedeihen scheint. Wenngleich es ihn und seine Klosterbrüder auch manchmal schmerzen mag, daß die nach Vergebung ihrer Sünden Dürstenden unter den Pilgern in der Minderzahl sind, die Mehrzahl aber ausschließlich nach jenem Manna verlangt, das schon der Dienstmann Hingerl als das einzige einem Bayern artgemäße gepriesen hat, und das Ludwig Thomas Postsekretär Angermayer – angesichts der zu erwartenden Labsal – in den Jubelschrei „Jessas Andechs“ ausbrechen ließ.

*

Der barocke Dreiklang von Landschaft, Kloster und Bier, Kirche, Wallfahrt und Brotzeit ist immer noch da – auch wenn im Zeichen des Massentourismus die Menschen manchmal wie eine biblische Heuschreckenplage einfallen und alles wegzufegen drohen.
Aber an manchen Nachmittagen, wenn man im Biergarten hinter dem fünfhundert Jahre alten Gemäuer sitzt und der Föhn die Berge ganz nahe heranrückt, oder an stillen Winterabenden, wenn nur die Einheimischen da sind, ist dieser Klang hell und klar, und schwingt sich hoch wie ein bayerisches Halleluja.
Pater Anselm gefällt die bodenständige Frömmigkeit in Andechs und daß nicht das Schwebende dominiert.
„Es ist ja recht, daß man in der Frömmigkeit sich manchmal erhebt und den Boden verläßt. Aber man soll auch wieder runterkommen und nicht vergessen, woher man stammt.“
Dem kommen auch die Regeln des Benediktinerordens entgegen, in denen die Gelübde der Armut, der Keutschheit und des Gehorsams nicht besonders erwähnt werden, da sie in der „conversio morum“, im klösterlichen Lebenswandel enthalten sind. Diese aber betont vor allem das Gemeinschaftliche und baut auf dessen mäßigender Wirkung auf den einzelnen. Und, wenn das nichts hilft, in der Benediktusrede heißt es: „Um nicht zu murren, soll ihm gegeben werden, was er braucht.“ Auch wenn das mal eine Maß Bier oder eine gute Zigarre ist.

*

Das Benediktinerkloster Andechs wurde 1455 von Herzog Ernst als Sühne für den Mord an der Baderstochter Agnes Bernauer, seiner Schwiegertochter, gegründet.
Mit dem Kloster entstand die Brauerei, in der seither, auch während der Säkularisierung zwischen 1803 und 1850, ununterbrochen das weltberühmte Andechser Bier gebraut wird. 80 000 Hektoliter jährlich und fünf Sorten: helles Vollbier, helles Spezialbier, Export dunkel, helles und dunkles Bockbier. Den Hopfen beziehen die Andechser aus der Hallertau, das Malz aus dem fränkischen und Münchner Raum und das Wasser aus dem Gemeindebrunnen.
Für das Bierbrauen ist Pater Anselm zwar nicht zuständig – das wird vom Braumeister Dr. Orthuber, der auch Direktor der Brauerei ist, und von zwei Brauhelfern besorgt, aber er ist dafür verantwortlich. So wie er als Zellerar für den gesamten Wirtschaftsbetrieb verantwortlich ist.
Neben der Brauerei und der Gastronomie mit Klostergasthof sind dies noch eine Landwirtschaft mit Schweine- und Bullenmast und der Klosterladen.
Mit 190 Angestellten ist das Kloster Andechs immerhin der drittgrößte Arbeitgeber im westlichen Landkreis Starnberg. Mönche gibt es im Kloster nurmehr sieben. Vier Patres – einschließlich Prior – und drei Brüder. Pater ist ein Mönch mit abgeschlossenem Theologiestudium und Priesterweihe. Bruder ist ein Mönch mit Handwerksberuf.

Tröstlich für Pater Anselm und seine Mitbrüder ist es, daß immer noch viele Wallfahrer kommen. Die meisten davon aus der Gegend zwischen Ammersee und Landsberg, also von nicht zu weit her. Vor allem in der Bittwoche um Christi Himmelfahrt kommen Hunderte. Und sie kommen zu Fuß, wie sich's gehört. Erfreulich ist auch, daß viele junge Leute darunter sind. „Die jungen Leute", meint Pater Anselm, „suchen eine Frömmigkeit, die fordert."

Pater Anselm kam 1985 von St. Bonifaz, wo er als Kaplan in der Seelsorge tätig war, nach Andechs, um seine Promotion vorzubereiten, als der fünfundsiebzigjährige Zellerar Pater Daniel plötzlich erkrankte und von heute auf morgen ein Nachfolger gefunden werden mußte. Der Zellerar – das Wort kommt von dem lateinischen „cellarius" – ist, wie bereits gesagt, für den Wirtschaftsbereich des Klosters verantwortlich.

Für Pater Anselm überraschend, fiel die Wahl auf ihn, den jüngsten. Vielleicht verdankte er dies dem Umstand, daß er als Münchner Wirtssohn immerhin in der Gastronomie schon Erfahrung hatte, vielleicht war es aber auch, wie er selbst meint, daß sich seine Mitbrüder sagten: „Da ham ma ja jetzt einen Jungen, der sowieso nix zum Tun hat."

Amerikanische Filmteams sind manchmal enttäuscht, wenn sie nach Andechs kommen und statt eines Mönches mit einer grünen Schürze, der mit einer großen Kelle im Maischbottich herumrührt und so aussieht, als sei er gerade einem Grützner-Bild entstiegen, einem jungen Wirtschaftsmanager begegnen und eine computergesteuerte, hochmoderne, chrom- und stahlblitzende Brauerei vorfinden.

An der Bierqualität hat dies nichts geändert. Es wird wie eh und je im Gewölbekeller in den traditionellen hölzernen „Hirsch'n" gelagert, bis es im Bräustüberl schäumend in die Krüge fließt und dort oder im Biergarten und Salettl die durstigen Kehlen hinabrinnt. Es ist nach wie vor, wie der Bräumeister in aller Bescheidenheit sagt, „halt a b'sonders Bier".

Das erste Mal war Pater Anselm in Andechs bei seiner Firmung. Er saß mit seinem Firmpaten im Salettl. Den Tisch weiß er heute noch. Damals hat er sich nicht träumen lassen, daß er einmal als Bruder Zellerar hier walten würde. Die Eltern hatten bis 1986 eine Wirtschaft in Harlaching, mit allem, was dazu gehört: mit Metzgerei, großem Saal und Biergarten. Am liebsten hätten sie es gesehen, wenn er einmal die Wirtschaft übernommen hätte. „Bsonders fromm war man bei uns daheim nicht. Halt wie d'Wirt so sind." Aber dann hat es ihn mit sechzehn, siebzehn plötzlich gepackt. Es war für ihn selbst fast so überraschend wie später die Wahl zum Zellerar. Und so folgte nach dem Abitur das Theologiestudium und noch während des Studiums der Eintritt in den Benediktinerorden.

Heute ist er der jüngste Pater in Andechs und ist nicht nur Zellerar, er betreut als „Nebenerwerbspfarrer", wie er es nennt, auch die 450-Seelen-Gemeinde Machtlfing und nimmt in der Klosterkirche gelegentlich Trauungen vor. Auch schon mal auf englisch, oder, was ihm besonders liegt, auf italienisch. Auch die Armenpflege gehört noch zu seinem Amt. Es gibt immer noch den Brauch, den Armen etwas zu essen zu geben. Dafür gibt's ein eigenes Armenstüberl, und da ist noch keiner hungrig oder gar durstig weggegangen.

Das Wallstreet Journal hat ihn in einem Artikel über das Kloster Andechs einen „cherubic monk", einen cherubinischen Mönch genannt. Die Cherubine sind, wie jeder hierzulande weiß, die rotbackigen Engel, die die Wände und Decken der bayerischen Kirchen schmücken. Und da diese Engel, anders als die immer recht g'schmerzt schauenden Heiligen, ständig in Bewegung sind und immer ein fröhliches Lächeln im Gesicht haben, ist dieser Vergleich sicherlich zutreffend. Und zutreffend ist bestimmt auch, was ihm ein guter Freund aus Übersee unter diesen Artikel geschrieben hat. „Freue Dich, daß Du anderen eine Freude bist." Was mit Sicherheit nicht nur für den Pater Anselm, sondern auch für das Kloster Andechs gilt.

Leberknödelsuppe

1 kg Rindfleisch
(Suppenfleisch vom Brustkern oder Überzwerch)

300 g gehackte Rinderknochen (Blutknochen, keine Rohr- bzw. Markknochen, davon wird die Suppe trüb und fett)

30 g Milz

10 g Fett

30 g Rinderleber

4 Pfefferkörner, etwas Muskat, Salz

1 gelbe Rübe

1 Stück Sellerie, etwas Selleriegrün

2 Petersilienwurzeln mit Grün

1 Stange Lauch

1 halbierte, ungeschälte Zwiebel

Salz, Muskat

Die gehackten Knochen waschen und in kochendes Wasser geben. Einige Minuten darin kochen lassen, abgießen und kalt abbrausen. Das Fleisch und die Knochen sowie die in etwas Fett angebratene Milz und Leber mit den Gewürzen in 3 l Wasser kalt aufsetzen und langsam zum Kochen bringen. Nach einer Stunde Kochzeit das Suppengrün und die halbierte, an den Schnittflächen angeröstete Zwiebel dazugeben. Offen langsam weiterkochen. Den sich bildenden Schaum nicht abschöpfen. Er enthält wertvolle Eiweißstoffe. Die Suppe wird von selbst klar. Nach ca. 3 Stunden das Fleisch herausnehmen und anderweitig z. B. für Haschee (siehe Seite 69) verwenden. Die Suppe durch ein Tuch oder feines Sieb abseihen, mit Salz und Muskat abschmecken. Leberknödel (siehe Seite 8) in Suppenteller geben, die Rindssuppe darüberschöpfen und mit Schnittlauch bestreut servieren.

◁ Farbtafel: Leberknödelsuppe

Brotsuppe, aufgeschmalzen und verkocht

Aufgeschmalzen:

250 g altes Schwarzbrot

2 Zwiebeln

60 g Butter oder Butterschmalz

$1^1/_2$ l Fleischsuppe

Salz, Pfeffer, Muskat

4 Leberwürste (siehe Seite 48) oder
4 Scheiben Briesmilzwurst (siehe Seite 17)

Das Brot in mundgerechte dünne Scheiben schneiden und in eine Suppenschüssel legen. Die Zwiebeln in dünne Ringe schneiden, in dem Fett goldbraun rösten und zu den Brotscheiben geben. Fleischbrühe erhitzen, darübergießen und einige Minuten ziehen lassen. Pro Person eine vorgewärmte Leberwurst oder eine Scheibe Briesmilzwurst in Suppenteller geben und die Brotsuppe darüber schöpfen.

Verkocht:

50 g Butter oder Butterschmalz

1 Zwiebel

300 g altes Schwarzbrot

Salz, Muskat, Pfeffer, Kümmel

$1^1/_2$ l Fleischbrühe

$^1/_8$ l saure Sahne

1 Eigelb

In einem Topf das Fett heiß werden lassen und darin die feingeschnittene Zwiebel anrösten. Das in kleine Würfel geschnittene Schwarzbrot und die Gewürze dazugeben. Mit Fleischbrühe aufgießen und langsam zum Kochen bringen. Dabei mit einem Schneebesen das Brot zu einem Brei verrühren. Nochmals kurz aufkochen und mit saurem Rahm und 1 Eigelb (die Suppe darf dabei nicht mehr kochen) legieren. Evtl. noch ein Stück Butter zur Geschmacksverfeinerung dazugeben.

Milzsuppe

150 g Milz
1 Zwiebel
1 Bund Petersilie
40 g Fett
2 EL Mehl
1 1/2 l Fleischbrühe
Salz, Pfeffer

Die Milz gibt es beim Metzger meist schon fertig geschabt zu kaufen.
Die geschabte Milz mit der feingehackten Zwiebel und der feingeschnittenen Petersilie in heißem Fett ca. 10 Minuten andünsten, mit dem Mehl anstäuben, durchrühren und mit der Brühe aufgießen. Etwa 30 Minuten kochen lassen und mit Salz und Pfeffer abschmecken.

Eine feinere, wenn auch arbeitsaufwendigere Suppe ist eine Suppe mit Milzschnitten:

2 Semmeln oder 4 Weißbrotscheiben
1 Zwiebel, 1/2 Bund Petersilie
100 g Milz
40 g Butter
2 Eier
Salz, Pfeffer, Majoran
Backfett
1 1/2 l Fleischbrühe

Die Semmeln in 1/2 cm dünne Scheiben schneiden. Die Zwiebel und Petersilie feinwiegen, in Butter anschmelzen, die Milz dazugeben, dann die beiden Eier hinzufügen, etwas anziehen lassen, mit Salz, Pfeffer und etwas Majoran würzen und auskühlen lassen. Die abgekühlte Masse auf die Brotscheiben streichen und im Ofenrohr oder schwimmend im Fett herausbacken. In Stücke schneiden und als Einlage in die erhitzte Fleischbrühe geben und mit Schnittlauch bestreut servieren.

Kartoffelsuppe

300 g rohe Kartoffeln
1 gelbe Rübe
1 Stück Sellerie mit Grün
1 Petersilienwurzel
1 Zwiebel
50 g Speck (durchwachsen)
50 g Fett
1 1/2 l Fleischbrühe
Salz, Pfeffer, Muskat, Majoran
Selleriegrün oder Petersilie

Die Kartoffeln, das Suppengemüse und die Zwiebel kleinwürfeln. Den Speck ebenfalls kleinwürfeln, alles zusammen in Fett anschwitzen, mit Fleischbrühe aufgießen und langsam weichkochen.
Wenn die Suppe nicht sämig genug ist, einige von den Kartoffelwürfeln zerdrücken. Die Suppe würzen, mit kleingehacktem Selleriegrün oder Petersilie bestreuen.
Man kann zur Suppe auch heißgemachte Würste geben.

In manchen Gegenden Bayerns nimmt man statt der Fleischbrühe die Brühe von Geselchtem* oder Wammerl** zur Kartoffelsuppe. In diesem Fall braucht man ca. 800 g Wammerl, das ohne weitere Zutaten in kochendes Wasser gelegt wird und langsam nicht zu weich kochen soll. Das Wammerl wird in Scheiben geschnitten und zu Kraut serviert. Zusammen mit der Kartoffelsuppe ergibt dies eine komplette Mahlzeit.

* Geselchtes ist der süddeutsche (und österreichische) Ausdruck für gepökeltes und geräuchertes Schweinefleisch.
** Wammerl, die bayerische Bezeichnung für Schweinebauch zum Braten und Kochen.

Blutwurst

500 g Schweineschwarten mit Speckschicht
1,25 kg Schweinsbackerl und Rüssel
reichlich Kochwasser, evtl. Salz
250 g frische Schweineleber
250 g Schweineblut
1/4 l Fleischbrühe
30 g Salz
10 g schwarzer Pfeffer
10 g Piment, gemahlen
20 g Majoran
20 g Glutamat
gut gereinigte krause Därme (Dickdärme) vom Schwein

Die Schwarten ca. 1 1/2 Stunden, Schweinebakken und Rüssel ca. 1 Stunde in Wasser (falls vorgepökelt, kein Salz zugeben) kochen. Das Fleisch sollte auf Daumendruck elastisch nachgeben. Die Leber nur 30 Minuten mitkochen. Die Schwarten im Blitzhacker zu einem feinen Brei verarbeiten (die Masse sollte wie Pudding sein), Schweinebacken und Rüssel durch die feine Scheibe des Fleischwolfs treiben. Die Leber in sehr kleine Würfel schneiden. Den Schwartenbrei auf genau 40°C erhitzen, das gutgerührte Blut zugeben (will man sicher gehen, daß es nicht gerinnt, ein entsprechendes Mittel zusetzen), den Fleischbrei und die Brühe sowie die Leberstückchen unterarbeiten. Mit den Gewürzen gut abschmecken und die Masse in gereinigte Därme nicht zu prall einfüllen. Die Würste abbinden und evtl. mit einer Nadel einstechen. Im 75–80°C heißen Wasser ca. 45 Minuten kochen. Danach kurz in kaltes Wasser tauchen, damit der Darm nicht hart wird. Möglichst frisch servieren.

Leberwurst

750 g frisches, durchwachsenes Schweinefleisch
250 g fetter, ungeräucherter Speck
1 1/2 bis 2 l Wasser, 2 EL Salz
1 Spickzwiebel (mit 4 Nelken)
2 Lorbeerblätter
einige Pfefferkörner, zerdrückt
500 g frische Schweineleber
1 geriebene Zwiebel
Salz, gemahlener Pfeffer
1 TL gerebelter Majoran
je 1/2 TL Piment und Thymian, gemahlen
gut gereinigte Schweinesaitlinge oder Dünndärme vom Rind

Das Schweinefleisch etwa 45 Minuten, den Speck ca. 20 Minuten in dem mit Spickzwiebel und Gewürzen versehenen Salzwasser kochen. Die Leber häuten, putzen (Adern entfernen) und in Scheiben schneiden. In ein Sieb legen und einige Male in die kochende Brühe eintauchen, insgesamt etwa 3 bis 4 Minuten.
Das Fleisch und die Leber durch den Fleischwolf (feine Scheibe) drehen, den Speck sehr klein würfeln. Alle Zutaten in eine Schüssel geben und soviel durchgesiebte Kochbrühe zugeben, bis eine dickflüssige Masse entsteht. Sollte die Masse zu dünn geraten, so können 2 bis 3 altbackene Brötchen (die Kruste abreiben, in feine Scheiben schneiden, kurz mit heißem Wasser befeuchten und ausdrücken, dann zerrupfen) untergemengt werden. Die geriebene Zwiebel und die Gewürze zufügen, gut abschmecken. Die Wurstmasse in gutgereinigte Därme (kann man im Fleischereibedarfsgeschäft bekommen) drei Viertel hoch einfüllen und die Würste abbinden. Mit einer Stopfnadel mehrmals einstechen und in leicht gesalzenem Wasser bei 80°C in ca. 30 bis 45 Minuten garen.

◁ Farbtafel: Münchner Schlachtschüssel

Münchner Schlachtschüssel

- 1 kg Sauerkraut
- 6 Wacholderbeeren, 6 Pfefferkörner
- 1 halbierte, gespickte Zwiebel mit Nelke und Lorbeerblatt
- 400 g Schweinernes
- 400 g Wammerl
- 1 Schweinszüngerl
- 4 Leberwürste
- 4 Blutwürste
- Salz, Pfeffer

Sauerkraut in einen Topf geben und mit Wasser auffüllen, die Wacholderbeeren, Pfefferkörner, die Spickzwiebel zugeben und das Schweinerne sowie Wammerl und Schweinszüngerl darauflegen und auf kleiner Flamme ca. 1 1/4 Stunden weichkochen.
Die Blut- und Leberwürste etwa eine halbe Stunde in heißem Wasser ziehen lassen.
Das Kraut mit Salz und Pfeffer würzen, auf einer großen Platte anrichten, Fleisch und Wammerl in fingerdicke Scheiben schneiden, dem Züngerl die Haut abziehen (das geht am besten, wenn man es kurz in kaltem Wasser abschreckt) und ebenfalls in schräge Scheiben schneiden. Mit den Würsten auf das Kraut legen.
Dazu gibt es Semmelknödel oder ein Kartoffelpüree.

Saures Schweinernes

- 1 kg Schweinefleisch (Schulter mit Schwarte, Bauchfleisch oder 1/2 Schweinskopf mit Rüssel und Zunge)
- 6 Pfefferkörner, 6 Wacholderbeeren
- 1 gelbe Rübe, in Stücke geschnitten
- 1 Stück Sellerie
- 2 Petersilienwurzeln, längs halbiert
- 1 Zwiebel, halbiert und gespickt mit Nelke und Lorbeerblatt
- 1/8 l Essig, Salz

Das Fleisch kalt aufsetzen, so daß es gerade mit Wasser bedeckt ist, die Gewürze und Salz dazugeben und auf kleiner Flamme langsam kochen. Nach 1 1/2 Stunden das Suppengemüse und die halbierte Zwiebel dazugeben und eine halbe Stunde weiterkochen. Am Schluß den Essig dazugeben und mit Salz abschmecken.
Das Fleisch sollte in nicht zuviel Wasser gekocht werden und möglichst immer bedeckt davon sein.
Das Fleisch in fingerdicke Scheiben schneiden und mit dem Kochsud und dem Suppengemüse servieren. Dazu gibt es frisch geriebenen Meerrettich und Bauernbrot. Man kann auch Salzkartoffeln dazu servieren.

Als er 1958 als jüngster und kleinster Wiesenwirt – bei einer Körpergröße von einem Meter fünfundsechzig Kleinster auch im wörtlichen Sinne – beim traditionellen Einzug der Festwirte, statt wie die übrigen Wirte in einer Kutsche einzufahren, auf einem Eselskarren Einzug hielt, wurde zum erstenmal etwas von diesem besonderen Süßmeierschen Witz sichtbar, der, ganz in der Tradition eines Steyrer Hans oder Franz-Xaver Krenkl, die Gaudi mit dem nützlichen Zweck verbindet, auf sich aufmerksam zu machen.

Es war vor allem diese Art der Selbstdarstellung – bei Süßmeier allerdings, anders als bei seinen Vorgängern, mit einem Schuß Selbstironie versehen –, die ihn sehr bald zum Liebling der Presse und der halben Stadt machen sollte. Die vielleicht aber auch ein viertel Jahrhundert später für die Niederlage sorgte, die Horst Haitzinger in der Münchner „tz" in einer Karikatur vom 28. 9. 1983 „Wies'n-Napoleons Waterloo" nannte.

Die dazwischenliegenden zweieinhalb Jahrzehnte waren markiert von einem Aufstieg, der selbst in Münchner Wirtskreisen nicht alltäglich ist. Süßmeier war nicht nur Inhaber einiger der schönsten Wirtshäuser der Stadt, er war auch Kreisvorsitzender des Hotel- und Gaststättenverbandes, Sprecher der Wiesenwirte, und, was in München nach wie vor am meisten zählt, Besitzer eines eigenen Festzeltes.

Nun mag es Leute geben, die der Ansicht sind, es wäre weniger der Süßmeiersche Humor – diese altbayerische Lust am Leut-Derblecken – gewesen, die zu seinem „Waterloo" führte, sondern vielmehr die verschiedenen hinreichend bekannten Umstände. Vielleicht war es aber doch die Lust an der Kapriole, die ihm zum Verhängnis wurde, weil sie ihn dazu verführte, in einem Jahr gleich zweimal den Kreisverwaltungsreferenten Gauweiler zu derblecken.

Einmal, als er, in dessen Person auftretend, der staunenden Presse ein Plakat mit dem Bildnis Gauweilers und der Aufschrift „Gauweiler is watching you" präsentierte, das fortan, über der Schenke aufgehängt, den Biwi, seinen legendären Schenkkellner, davon abhalten sollte, aus einem 200-Liter-Hirschen 289 Liter auszuschenken. Wobei er sich selbst – als ein die Zeichen der Zeit Erkennender – aus dem Munde Gauweilers auch noch ein Lob aussprach.

Das zweite Mal, als er, wiederum in der Person Gauweilers, den Süßmeier erneut lobte. Diesmal dafür, daß er den Biwi jetzt endlich entschärft habe, weil er ihn in die Brathendl-Station gesteckt hat, und er den als Koch verkleideten Biwi dann zum Entzücken der Journalisten vorführen ließ, wie man ein Hendl in drei Hälften teilt.

Das war des Guten vielleicht doch etwas zuviel. Vor allem, wenn man bedenkt, wie dünn das Eis einer Gauweiler-Persiflage sein kann.

Es kann aber auch sein, daß es gar nicht die Rache Gauweilers war, die ihn dann wenig später ereilte. Vielleicht war der Kreisverwaltungsreferent nur das Instrument einer höheren Ordnung, und das Wies'n-Waterloo war die verspätete Rache der Patrona Bavariae, der es gar nicht geschmeckt haben mag, daß der Süßmeier Richard bei dem von ihm zum 150. Oktoberfest herausgegebenen Buch auf dem Titelbild den Kopf von König Ludwig I. durch seinen eigenen ersetzt hatte.

Das erste Süßmeiersche Bierzelt, die kleine Festhalle der Armbrustgilde Winzerer Fähndl, war eigentlich gar kein Festzelt, sondern eine ausgediente Reichsarbeitsdienst-Baracke mit einem Fassungsvermögen von sechshundert Plätzen.

Innen sah dieses „Festzelt" aus wie ein Unterstand aus dem ersten Weltkrieg, da es auf Anordnung der Lokalbaukommission mit Balken abgestützt werden mußte.

Es barg auch sonst noch Probleme, die zuweilen zu kuriosen Situationen führten. So, als die Armbrustschützen am zweiten Mittwoch der Wies'n ihr traditionelles Festbankett, ein Hirschessen mit Spätzle, abhalten wollten und dazu den Münchner Oberbürgermeister Thomas Wimmer auf 18.00 Uhr eingeladen hatten.

Biwi Wallner, zeitweilig Münchens bekanntester Schenkkellner, hat selbst als gereifter Mitfünfziger immer noch etwas von der Unschuld eines Kommunionkindes, dem man ohne weiteres zutraut, daß es trockenen Fußes die Isar durchquert oder unversehrt eine Feuersbrunst durchschreitet.
Der Biwi würde sich auch bedenkenlos, wie der biblische Daniel, in jede Löwengrube begeben, wenn der Richard Süßmeier sagen würde: „Biwi, des konnst scho macha, da passiert nix."
Denn der Biwi und der Richard waren fast ein viertel Jahrhundert lang ein Gespann, wie man es auch in München nicht oft findet und sonst nur vom Zirkus oder von Las-Vegas-Shows kennt. Wobei der Biwi immer die Rolle des „straight man" spielte, also für den Unterbau sorgte, auf dem der Richard dann seine Luftsprünge und Saltos machte.

*

Geboren ist der Biwi in der Nähe der Theresienwiese, seinem späteren Wirkungsfeld, wo es bekanntlich eines seiner Glanzstücke war, ein Hendl in drei Hälften zu teilen. Nur: „Des war hoit damois a Gaudi, a Gag", wie der Biwi sagt, „weil des hot ja gar net g'stimmt." Weil dieses Hendlmirakel ja vom Richard Süßmeier sorgfältig vorbereitet gewesen sei. Der Richard hatte in ein ganzes Hendl ein halbes einnähen lassen, wovon nicht einmal der Biwi etwas wußte, der beim Anschneiden dann ganz durcheinandergekommen ist, was ihm vorher noch nie passierte.
Diese viel belachten „drei halberten Hendl in einem" fanden nicht nur ein ungewöhnliches Presseecho – sogar in Amerika berichteten die Zeitungen darüber –, sie wurden auch, weil sie durch das Mißverständnis eines sonst sehr sorgfältig recherchierenden Journalisten, der bei der Hendl-Präsentation selbst nicht anwesend war, als Faktum in den Wirtschaftsteil einer der angesehendsten Zeitungen des Landes geraten waren, von offizieller Seite für bare Münze genommen.
Was in der Folge zu einer Anfrage im bayerischen Landtag führte, worauf der zuständige Minister dann dem Richard Süßmeier schrieb, er habe ja viel Verständnis für seinen Humor, aber das gehe nun doch zu weit.
Die Leute seien damals, sagt der Biwi, extra auf die Wies'n gekommen und hätten ihn gesucht, weil sie den kennenlernen wollten, „der wo aus oan Hendl drei hoiwate macht". Am meisten habe ihn aber der Staatsanwalt gewundert, der bei einer späteren Verhandlung ihn wegen dieser drei Hendlhälften gefragt hat, und, als der Biwi lachte, anschrie: „Das ist eine ernste Angelegenheit, das ist nichts zum Lachen!"
„Do war a bös a no, da Staatsanwalt, und hot net amoi g'spannt, daß des bloß a Gaudi war. Do muaßt hoit dann z'ruckstecka, weil des huift ja nix, wenn d'Leit koan Humor ham."
Bei den Pressekonferenzen vor der Wies'n, zu denen fast immer mehr als hundert Journalisten kamen, war der Biwi jedesmal dabei. „Da hot der Richard oiwei guat auftischt und grad lustig wars immer", sagt der Biwi und meint, daß das keiner so gebracht hätte wie der Richard und daß keiner so reden hätt' können wie er.

Der Biwi, dessen Eltern in Thalkirchen, wo er auch aufgewachsen ist, bis in die fünfziger Jahre die „Gaststätte zur Gemütlichkeit" betrieben, ist, wie sein um fünf Jahre jüngerer Bruder Heinz, gelernter Metzger.
Noch bis vor wenigen Jahrzehnten war es in München undenkbar, daß ein Wirt, schon wegen dem Brotzeitgeschäft, nicht seine Würste selbst gemacht hätte. Früher hatten die meisten Wirte auch noch Roß', und der Biwi und sein Vater gehörten zu den letzten, die noch mit dem Pferdefuhrwerk zum Schlachthof und zur Großmarkthalle fuhren. Der Vater hatte aber auch noch Rennpferde, was bei Münchner Wirten nicht unüblich war, und da der Biwi seine ganze Freizeit auf der Trabrennbahn in Daglfing verbrachte, entschied er kurzerhand: „Jetzt machst d'Amateurfahrerprüfung und sitzt de nauf und fahrst selber."
Und so geschah es, daß der Biwi in Daglfing Rennen fuhr und sogar einige gewann. Auf-

hören mußte er dann, weil er schon damals mit 95 kg zu schwer war.
Biwis zweite Leidenschaft gehört noch dem TSV 1860, bei dem er auch heute noch kein Spiel ausläßt. Seine erste und wahre Liebe aber ist die Wies'n. Und wenn er, wie jedes Jahr nach der Wies'n, drei Wochen lang nach Südtirol in Urlaub fährt, dann trinkt er in den drei Wochen nur Wein, weil ihm nach der Wies'n kein anderes Bier schmeckt.

Gesetzt den – zugegeben fiktiven – Fall, daß ein glatter Einser bei der Meisterprüfung zum Metzger, wie bei den Einser-Juristen Tür und Tor zu den höheren Ämtern im Staatsdienst öffnen würde, etwa im Ernährungsministerium, dann könnte der Heinz Wallner heute vielleicht als Referent für Wurstangelegenheiten in einem Amtszimmer sitzen. So ist er einer der besten Wirtsmetzger hierzulande geworden und macht, nach Meinung einer ganzen Reihe von Leuten, die etwas davon verstehen, die besten Weißwürste in München. Und das ist mehr wert für die Stadt als ein Ministerialdirigent.

*

Die Speisekarte der Gaststätte „Großmarkthalle", die er betreibt, liest sich teilweise wie ein Glaubensbekenntnis zur Alt-Münchner Küche. Und darauf sind der Heinz und der Biwi, der an der Schenke steht, aber wenn Not am Mann ist, auch in der Metzgerei aushilft, stolz, „daß bei uns no so kocht werd wia früher."
Ochsenbrust auf saurem Kartoffelgmüs, gesottenes Ochsenkron oder eine saure Kalbshaxe etwa. Gerichte, die man in vielen Münchner Wirtschaften heutzutage vergeblich sucht.
Zwanzig Jahre ist der Heinz Wallner jetzt selbständig. In dieser Zeit hat sich viel verändert. Gerade auch in der Großmarkthalle. Heute ist dort alles palettisiert. Vor zwanzig Jahren gab es weder Hubwagen noch Caterpillar, da wurde alles mit der Hand ausgeladen. Es sind weniger Menschen und mehr Maschinen geworden. Und mit dieser Veränderung haben sich auch in der Gastwirtschaft die Schwerpunkte verlagert. „Damois hot's no Tisch geb'n, de ham alloa an Hektoliter am Tog drunka. Und grod grüabe wars." Das waren, umverteilt auf die sechs bis acht Brotzeitmacher, die an so einem Tisch saßen, zwanzig bis dreißig Halbe für jeden.
Heutzutage ist das Mittagsgeschäft und das Außer-Haus-Geschäft stärker geworden. An manchen Tagen verkauft er bis zu viertausend Weißwürst' außer Haus, die meisten davon an sechs Münchner Wirtschaften, vorwiegend der Innenstadt, die er seit Jahren mit seiner „weißen Ware", zu der auch noch Stockwürst', Wollwürst', Kalbs- und Schweinsbratwürstl und die von den Münchnern überaus geschätzte kälberne Briesmilzwurst gehören, beliefert.
Und bei dem besagten Mittagsgeschäft sind immerhin fast dreiviertel der vierhundert Plätze belegt.
Trotz dieser Veränderungen sind doch noch die für eine Markthallen-Gaststätte typischen Eigenheiten geblieben: die unprätentiöse Einrichtung, die Öffnungszeiten und das Frühstücksangebot, zu dem immer noch Züngerl mit Knödl, Suppen und Würste gehören. Um sieben stehen die ersten Gäste vor der Tür und um fünf Uhr nachmittags gehen die letzten. Späte Gäste, die ihm den Schlaf rauben könnten und für die er vielleicht sogar noch ein „Zehnerl" anzapfen müßte, hat er also nicht.
Das „Zehnerl" ist ein Zehnliter-Holzfaß, das es früher noch gegeben hat und das die Wirte immer anzapften, wenn das Faß schon leer war, die letzten Gäste aber immer noch Durst hatten und nicht heimgehen wollten. Sein Vater, erinnert sich Heinz Wallner, hat oft zum Mißvergnügen seiner Mutter, die immer mit aufbleiben mußte, manches Zehnerl noch vollends ausgetrunken. „Ma ko's ja net steh' lass'n."

Der Heinz Wallner jedoch legt Wert auf einen frühen Feierabend, der ihm Zeit für die Familie, Frau und Sohn, und einen Spaziergang mit seinem Schnauzerl läßt.

Auf den Schnauzerl ist er durch seinen einstigen Lehrherrn, Ludwig Hagn vom Rheinhof gekommen, der Vorstand vom Schnauzerl-Verein war und auch selbst Schnauzer züchtete.

Urlaub hat er in den zwanzig Jahren erst fünfmal gemacht, „weil's hoit vom G'schäft her net ganga is." Und da ist er in Bayern geblieben, weil es ihm da am besten gefällt, und weil er, wie er sagt, mit Leib und Seele Bayer ist.

Und weil er mit Leib und Seele auch Münchner ist, bedauert er es, daß so viel von der Münchner Brotzeit- und Weißwurstkultur verlorengegangen ist und es kaum noch Wirtsmetzger gibt. „Früher hot's sogar noch Weißwurstköchinnen geb'n, de nix anders g'macht ham als Würscht eileg'n." Damals wurden die Weißwürste auch noch roh einzeln abgedreht und nicht vorgebrüht wie heute.

Er bedauert auch den Niedergang der Kronfleischküchen, die noch vor zwanzig Jahren um den Viktualienmarkt und den Schlachthof zu finden waren und vor allem von Metzgern viel frequentiert wurden, die dort Brotzeit machten. Meistens war es etwas, was sie selbst vom Schlachthof mitbrachten. Etwa ein Stück Herz oder ein Bries, das sie sich von der Köchin zubereiten ließen.

*

Der Heinz Wallner jedenfalls hält, zusammen mit einigen wenigen anderen, die Tradition der Münchner Wirtsmetzger weiterhin aufrecht.

Auch wenn er mit seinen Kollegen auf verlorenem Posten steht. Denn das Berufsbild des Wirtsmetzgers hat man vor einigen Jahren abgeschafft.

Womit, wie er nicht zu Unrecht meint, auch das Ende der bayerischen Brotzeitkultur eingeläutet wurde.

Kalbsnierenbraten

1,5 kg Nierenbraten mit Niere, vom Metzger vorbereitet und gerollt
250 g Kalbsknochen, kleingehackt
80 g Butter
1 gelbe Rübe
1 Zwiebel
Salz
weißer Pfeffer

Den Nierenbraten gut mit Salz und etwas weißem Pfeffer einreiben, in eine Bratreine (Bräter) auf die kleingehackten Kalbsknochen mit der Oberseite nach unten legen, mit Butterflocken bedecken und bei starker Hitze (ca. 250° C) kräftig anbraten. Hitze reduzieren, die kleingeschnittene gelbe Rübe und geviertelte Zwiebel zugeben und seitlich etwas heißes Wasser angießen. Nach einer halben Stunde den Nierenbraten wenden und unter ständigem Begießen und öfterem Wenden in insgesamt 1 3/4 Stunden garen. Den Braten herausnehmen, warmstellen und etwa 10 Minuten ruhen lassen. In der Zwischenzeit den Bratensatz mit etwas Wasser lösen und die Sauce, die klar und nicht zu dunkelbraun sein sollte, durch ein Sieb geben.
Den Nierenbraten mit grünem Salat und Kartoffelsalat servieren.

◁ Farbtafel: Gefüllte Kalbsbrust

Gefüllte Kalbsbrust

1,5 kg Kalbsbrust, vom Metzger ausgelöst und vorbereitet
250 g Kalbsknochen, kleingehackt
80 g Butter (zerlassen)
1 Zwiebel, 1 gelbe Rübe
Salz, Pfeffer
Für die Fülle:
3 alte Semmeln
1/2 feingeschnittene mittelgroße Zwiebel
40 g Butter, Petersilie
2 Eier, 1/8 l Milch
fein abgeriebene Schale von einer ungespritzten Zitrone
Muskatnuß, Salz

Die Kalbsbrust innen und außen gut mit Salz und Pfeffer einreiben. Die Semmeln kleinschneiden und mit der in Butter angeschwitzten Zwiebel, der kleingehackten Petersilie, den in Milch verquirlten Eiern und Zitronenschale sowie den Gewürzen gut vermengen und eine Viertelstunde ruhen lassen. Die Masse nicht zu fest in die Brusttasche füllen und die Brust zunähen.
Die Kalbsknochen in eine Bratreine geben, die Brust mit der Oberseite nach unten darauf legen, mit der zerlassenen Butter bestreichen und bei starker Hitze (ca. 250° C) kräftig anbraten. Die Hitze nach einer Viertelstunde reduzieren, die geviertelte Zwiebel und in Scheiben geschnittene gelbe Rübe zugeben und seitlich etwas Wasser angießen. Nach einer halben Stunde die Brust umdrehen und unter ständigem Begießen (da sonst die Brust austrocknet) in insgesamt 1 3/4 Stunden fertig braten. Darauf achten, daß die Kalbsbrust nicht zu dunkelbraun wird. Vor dem Anschneiden 1/2 Stunde im ausgeschalteten, geöffneten Backrohr ruhen lassen.
Zur Kalbsbrust ißt man am besten einen Kartoffelsalat.

Kalbshaxe aus dem Ofen

1 Kalbshaxe
80 g Butter, zerlassen
1 gelbe Rübe
1 Zwiebel
1 Rosmarinzweig
Salz, Pfeffer

Die Kalbshaxe waschen, häuten, kräftig mit Salz und etwas Pfeffer einreiben und die Gewürze eine halbe Stunde einziehen lassen. Die Haxe in die leicht gefettete Bratreine (Bräter) legen, mit der Hälfte der flüssigen Butter übergießen, die in Scheiben geschnittene gelbe Rübe, die halbierte Zwiebel und den Rosmarinzweig zugeben, etwas heißes Wasser angießen und im vorgeheizten Rohr bei guter Hitze (ca. 220° C) unter öfterem Begießen mit der restlichen Butter sowie dem entstehenden Bratensaft in 2–2 1/4 Stunden fertig braten. Falls notwendig, ab und zu etwas heißes Wasser angießen.
Zur Kalbshaxe gibt es traditionell Semmelknödel und grünen Salat.

Kalbshaxe, sauer

1 mittlere Kalbshaxe
1/8 l Weinessig
1 l Wasser
1 Zwiebel, gespickt mit Nelke und Lorbeerblatt
3 Wacholderbeeren
12 Pfefferkörner
Salz
1 Lauchstange
2 kleine gelbe Rüben
1 Stück Sellerie

Die Kalbshaxe waschen und häuten. Weinessig und Wasser zum Kochen bringen, die Kalbshaxe einlegen und mehrmals abschäumen. Spickzwiebel und Gewürze zugeben und bei kleiner Flamme langsam kochen. Nach einer Stunde das in Streifen geschnittene Suppengemüse zugeben und weitere 20 Minuten mitkochen lassen. Nach Ende der Garzeit das Fleisch vom Knochen lösen, in Scheiben schneiden, mit etwas Suppengemüse umlegen und mit der Kochbrühe begießen.
Dazu reicht man Petersilienkartoffeln und Gemüse, z. B. Spinat oder Blumenkohl.

Pichelsteiner

Recept des Pichelsteinermahles de anno 1874 in Regen

Nimm dreierley Fleisch vom Schwein, Rind und Kalb, dazu Erdäpfel, gelbe Rüben, Petersiell, Zwiebl und Porri.
Schneidt kleine Stückl davon, thu alles in ein Castroll. Salz und Pfeffer nebst allerley Gewürz – langsam dämpfen, ein bissel Brüh nachgissen. So es marb ist ergiebt dieß eine kräftige gar köstlich schmeckende Speiß.

- Je 250 g Rindfleisch, Schweinefleisch und Kalbfleisch
- 30 g Schweineschmalz
- 60 g Rindermark
- 2 Zwiebeln
- 500 g Kartoffeln
- 3 gelbe Rüben, 2 Stangen Porree
- 1 kleine Sellerie-Knolle
- 1 Petersilwurzel
- Petersilkraut, Majoran, Kümmel
- Salz und Pfeffer

Das Fleisch in Würfel schneiden und in dem heißen Schweineschmalz von allen Seiten kräftig anbraten, mit 1/2 l Wasser auffüllen und zugedeckt 30 Minuten kochen. Die Brühe abgießen und beiseite stellen.
Das Rindermark (notfalls Schweineschmalz) in einem großen Topf zergehen lassen, die kleingehackten Zwiebeln darin anschwitzen und nun schichtweise die geschälten gewürfelten Kartoffeln, das geputzte und in Scheiben geschnittene Gemüse und das Fleisch dazugeben. Die oberste Schicht sollten Kartoffeln sein. Jede Schicht mit Salz und Pfeffer sowie etwas Kümmel würzen, die beiseite gestellte Brühe angießen (falls notwendig mit etwas Wasser auffüllen) und ohne umzurühren in ca. 50 Minuten fertiggaren. Vor dem Anrichten mit gehackter Petersilie bestreuen.

◁ Farbtafel: Pichelsteiner

Ochsenschwanzragout

- 1,2 kg Ochsenschwanz
- 50 g Fett
- 1 Stück Sellerie
- 1 gelbe Rübe
- 3 Petersilienwurzeln
- 3 Zwiebeln
- 40 g Mehl
- 40 g Tomatenmark
- 2 1/2 l Wasser oder Fleischbrühe
- 1 Zitronenscheibe
- etwas Selleriekraut
- Thymian, 1 Lorbeerblatt
- 1/8 l trockener, kräftiger Rotwein (Burgunder)
- Salz, Pfeffer, eine Prise Zucker
- etwas Zitronensaft

Die vom Metzger vorbereiteten Ochsenschwanzstücke salzen und pfeffern, in einer Bratreine im heißen Fett von allen Seiten kräftig anbraten (am besten im Rohr). Dann das in Würfel geschnittene Wurzelwerk und die grob gehackten Zwiebeln beigeben und ebenfalls Farbe annehmen lassen. Sobald alles gut gebräunt ist, das Mehl anstäuben und mitrösten, das Tomatenmark dazugeben, ebenfalls anrösten und mit 2 1/2 l Wasser (noch besser ist Fleischbrühe) aufgießen. Nach einiger Zeit die Zitronenscheibe, das Selleriegrün, Thymian und Lorbeerblatt zugeben und zugedeckt im Ofen etwa 3 Stunden schmoren. Sobald der Ochsenschwanz weich ist, herausnehmen und in frisches Geschirr umsetzen. Die Sauce entfetten, einkochen, den Rotwein dazugeben, nochmals etwas einkochen und mit Salz, einer Prise Zucker und etwas Zitronensaft abschmecken. Den Ochsenschwanz zugeben und in der Soße wärmen.
Als Beilage passen am besten Semmelknödel.

Eingemachtes Kalbfleisch

800 g Kalbfleisch, von der Schulter oder vom Hals
1 Stück Sellerie oder einige Petersilienwurzeln
1 gelbe Rübe, 1 Lauchstange
1/2 Zwiebel, gespickt mit 1 Nelke und 1/2 Lorbeerblatt
40 g Butter
40 g Mehl
Salz, Muskat, etwas Zitronensaft
1/8 l Sahne
2 Eigelb

Das Kalbfleisch in Würfel schneiden. Zusammen mit dem Suppengrün und der gespickten Zwiebel in kochendes, leicht gesalzenes Wasser geben (das Wasser sollte das Fleisch gerade bedecken) und langsam weichkochen.
Aus der Butter und dem Mehl eine helle Mehlschwitze machen, mit der Kalbsbrühe aufgießen und gut durchkochen. Die Fleischstücke einlegen und kurz mitkochen. Mit Salz, Muskat und etwas Zitronensaft abschmecken und mit dem in der Sahne verquirlten Eigelb legieren.
Zum eingemachten Kalbfleisch passen gut Grießknödel oder auch breite Nudeln.

Gebackener Kalbskopf

1/2 Kalbskopf oder 1 kg ausgelöster Kalbskopf
2 Eier
Mehl, Semmelbrösel
Salz, Pfeffer
Schweineschmalz oder Butterschmalz zum Braten

Falls man nicht selbst den Kalbskopf weichkochen will, den man üblicherweise, nachdem er gut gewaschen wurde, in Salzwasser mit einer Spickzwiebel (Nelke und Lorbeerblatt) aufsetzt, kann man sich den Kalbskopf auch vom Metzger auslösen lassen. In diesem Fall ist es notwendig, den bereits erkalteten, in passende Stücke geschnittenen Kalbskopf vor dem Panieren nochmals in kaltem Wasser aufzusetzen und kurz aufkochen zu lassen, ehe man ihn gut paniert und wie ein Wiener Schnitzel in schwimmendem Schweineschmalz oder ausgelassener Butter in der Pfanne schön goldgelb herausbäckt.

R wie Rabindranath Tagore, O wie Ochsenmaulsalat und TH wie Technische Hochschule, so buchstabiert der Roth Ernstl, den die Schlierseer auch Professor Dr. Rothern-Stel nennen, Fremden seinen Namen.

Bildhauer, Erfinder, Schreiner, Ministrant, Firstalmkönig, Jäger, Geigenbauer, Dichter und Schuhplattelinstruktor sei er, steht in einem „Bilderbuch für seine Verehrer“ zu lesen. Und ein guter Freund nennt ihn einen „Wiedergeborenen“, der so um Siebzehnhundert herum, als die Welt noch voller unentdeckter Wunder war, schon einmal gelebt haben muß. Ministrieren tut er schon seit siebzig Jahren nicht mehr, die Jagd hat er auch aufgegeben und die letzten Geigen hat er vor mehr als vierzig Jahren in Sibirien gebaut.

Aber Schreiner ist er noch, und Bildhauer, und vor allem Erfinder. Und als solcher ist er vielleicht der einzig legitime Nachfolger von Karl Valentin. In der Tat übertreffen manche seiner Erfindungen sogar noch die seines Vorbildes an Skurrilität. Anders als sein geliebter Vale, ist der Roth Ernstl ein barocker, sinnenfroher Mensch, der, wie man so schön sagt, noch nie was hat anbrennen lassen und selbst bis ins hohe Alter Freuden huldigte, die andere schon mit sechzig aufgeben.

Das Sinnenfrohe dringt auch in seinen literarischen Ergüssen durch, die etwas lustvoll Verschnörkeltes haben und zuweilen an die Schwabinger-Caféhaus-Literatur der zwanziger Jahre erinnern.

Der Flug der Zeit die Feder läßt
Der Rost nagt an der Butter
Das Boschhorn schrill zum Kampfe bläst
Es leckt das Loch im Kutter

oder

Der Tintenfisch lacht schaurig tief
Durchs Bernsteinlabyrinth
Verdammt juche die Schnecke rief
Und kämpft mit Gegenwind

Nichtraucher

und im Wanderlied der Seele:

Der Parzen Nase läßt den Tropfen fallen
Auf heißem Stein dem Süden zugeneigt
Und meine Seele muß nach Westen wallen
Wo Malzkaffee sein wahres Anlitz zeigt.

Die ruhelose Seele, die dorthin wallt, wo der Malzkaffee sein wahres Anlitz zeigt, hat ihn sein ganzes Leben getrieben und, wie urkundlich belegt, am 6. Januar 1928 unterhalb der verschneiten Bodenscheidsüdwand den Firstalm-Fasching, der sich dort ebenfalls herumtrieb, entdecken lassen, weshalb man, wie er sagt, heute noch vom Faschingstreiben spreche. Diese erste Firstalm-Maschkera, die er mit ein paar Freunden ins Leben rief, wird seither jedes Jahr am Faschingssonntag von Tausenden von faschingsnarreten Skifahrern mit nie enden wollender Begeisterung und immer wieder sich selbst übertreffenden Einfällen gefeiert.

Allein für den Firstalm-Fasching gebührt dem Roth Ernstl ein besonderes Platzl im bayerischen Olymp und ein Fußschemel dafür, daß er in Sibirien seine Kameraden mit Valentin-Sketchen, die er aus dem Gedächtnis aufgezeichnet hatte, über den Hunger und das Elend der Gefangenschaft hinweggeholfen hat. Sogar den Russen müssen diese Valentinaden gefallen haben, denn sie nannten ihn „Bolschoi-Artist", einen großen Künstler. Neben jedem Russen saß in der Vorstellung ein Ostoberschlesier, der die bayerischen Texte ins Russische übersetzte. „I hob oiwei oan Satz gsagt, dann war a Pause, den ham de Oberschlesier übersetzt und dann ham d'Russn g'lacht, daß fast von de Bänk runterg'fallen san und d'Weiber ham d' Füaß in d' Höh g'schmissn vor lauter Vergnügen und dann is wieder weitaganga." Die Rolle der Liesl Karlstadt spielte ebenfalls ein Ostoberschlesier, der nicht nur ein entsetzliches Bayerisch sprach, sondern auch noch seine Texte nicht behalten konnte, weshalb der Roth Ernstl, weil es keinen Souffleur gab, auch noch dessen Rolle mitlernen mußte. Seine Kameraden haben es ihm mit doppeltem Applaus gelohnt.

Weit weniger Applaus hat er indes später einmal von seinen Jagdfreunden bekommen. Das war, als er, Anfang der siebziger Jahre, eine „Bayerische Wilderer-Akademie" gründete, in deren Gründungsakte es unter anderem hieß: „Jahrhundertelang waren die Wilderer in Bayern fast so selten wie die Analphabeten. Das Wildererwesen kann seinen gesellschaftlichen Auftrag im Alpenraum aber nur dann erfüllen, wenn es genügend Schützen gibt, die den Jägerbestand auf ein Minimum reduzieren."

Dazu hat er eigens einen Wilderer-Lehrpfad mit einer ganzen Reihe ebenso tückischer wie raffinierter Jägerfallen, wie z. B. als Baumstümpfe getarnte „Sitzböller" und „Schleuderhochsitze" erfunden, die den Jäger entweder in die Luft sprengen oder auf sonstige Weise ins Jenseits befördern sollten.

Ernstl Roths größerer Verdienst ist aber zweifellos die Erfindung einer mittlerweile fast unübersehbaren Zahl ebenso einfallsreicher wie nützlicher Vorrichtungen und Maschinen, die den Menschen das Leben leichter machen. Beginnend bei dem relativ simplen, aber sinnvollen Weißwurst-Etui, das eine problemlose Mitnahme einzelner Weißwürste auf Geschäftsreisen sowie Wallfahrten und Bittprozessionen erlaubt und der ebenso leicht zu bedienenden Joghurt-Waage, die, wenn man statt Joghurt Wasser eingießt, zur Wasserwaage wird, bis hin zu bereits etwas komplexeren Konstruktionen wie dem „Panfrigerator" (vulgo Pfannenkuchenkühlmaschine) und der „Wolpertinger-Fang- und Zuchtmaschine" dienen sie ausschließlich friedlichen Zwecken.

Bei der Pfannkuchenkühlmaschine wird der Pfannkuchen in einen Holzrahmen, einem Strickrahmen nicht unähnlich, gespannt, so daß der mit einem Schwungrad erzeugte Kühlwind flächendeckend darüber hinwegstreichen kann.

Das Rad eiert etwas, was aber, laut Erfinder, Absicht ist, weil es sich ja vorwiegend uum Eierpfannkuchen handelt.

Die trickreiche Wolpertinger-Fang- und Zuchtmaschine wird unter der Erde angebracht und ist mit der Oberfläche durch eine Schlupfröhre verbunden, durch die Kerzenlicht ins Freie tritt. Weil vor allem die weiblichen Wolpertinger scharf aufs Licht sind, schlupfen sie zuerst rein und werden durch einen herabsausenden Stachel mit Curare betäubt, worauf es für die nachfolgenden männlichen Wolpertinger ein leichtes ist, für Nachwuchs zu sorgen.

Neben eher nutzlosen Exponaten wie dem Knochen von Franz Josef Strauß' Lieblingskalbshaxe, der in einem Reliquiar aufbewahrt wird, und dem Gebiß von Schliersees berühmtestem Wilderer, dem Jännerwein Schorsch (in dessen Wohnzimmer gefunden), nehmen diese beiden Maschinen vordere Plätze in seiner inzwischen zu einem Museum ausgewachsenen Werkstatt ein.

Seine genialsten Erfindungen sind aber eine „Kernspaltanlage für Haselnußkerne" und eine „Taubenverscheuchmaschine", gebaut im rokkoko-romanischen Stil, für die einmal eine Bestellung der Stadt Venedig für fünfzig Stück vorlag.

Wegen der Taubenverscheuchmaschine, die auf sinnreiche Weise die Tauben mittels eines Locktaubers und – aus Ersparnisgründen angeleimten – Lockfutters zuerst anlockt, um sie dann zu verscheuchen, hat er einmal sogar die entrüstete und durchaus ernst gemeinte Zuschrift eines Mannheimer Zeitungslesers bekommen, der ihm unter anderem vorhielt: „Ihre Erfindung ist Teufelswerk. Wäre es Ihnen recht, wenn unser Herrgott Sie genauso ärgern würde, wie Sie es den Tauben mit Ihrer Verscheuchmaschine zumuten? Möchten Sie Ihr tägliches Brot angeleimt auf dem Teller liegen sehen? Selbst die Heiden im alten Ägypten kamen nicht auf solche scheußlichen Ideen!" Signiert mit Gelobt sei Jesus Christus und der Hoffnung auf Verständnis von einem gewissen H. W.

Der Roth Ernstl antwortete mit einem zerknirschten „mea culpa, mea maxima culpa" und versprach, die Einkünfte aus der Maschine – da die venezianische Bestellung, die ohnehin nur für die mohammedanischen Tauben der Stadt gedacht war, nicht mehr rückgängig zu machen sei – dem Tierschutzverein in Kirchstiegel an der Ilm zur Verfügung zu stellen, und schloß mit einem „Deo gratias, durch Sie bin ich erst in die richtigen Bahnen gelenkt worden."

Ob er tatsächlich in die richtigen Bahnen gelenkt wurde, bleibt zumindest zweifelhaft. Denn jetzt, mit einundachtzig, steht er immer noch jeden Tag fünf bis sechs Stunden in der Werkstatt, und wenn nicht alles täuscht, dann entstehen da weiterhin Maschinen, die noch fürchterlicher sind als die „Taubenverscheuchmaschine".

Chiemsee-Renken

4 Renken
Salz
Saft von 1 Zitrone
4 EL Mehl
80 g Butter

Die Renken ausnehmen, schuppen und gründlich waschen. Abtrocknen, mit Salz einreiben und innen mit Zitronensaft beträufeln. In Mehl wenden (das überschüssige Mehl abschütteln) und in Butter von beiden Seiten braten. Dazu Petersilienkartoffeln und grünen Salat servieren.
Die Renken gehören zu der Familie der Salmoniden und kommen, wie die Blaufelchen, hauptsächlich in bayerischen, österreichischen und Schweizer Bergseen vor. Man kann die Renken im allgemeinen wie die Forellen zubereiten, also auch blau. Am besten schmekken sie aber auf die eben beschriebene, in Bayern übliche Art.

◁ Farbtafel: Chiemsee-Renke

Isar-Huchen

1 Huchen von ca. 1,5 kg
Salz, Pfeffer
1 Zitrone (Saft), 1 Zwiebel
1 gelbe Rübe, 1 Stück Sellerie
1 Stange Lauch
80 g Butter, 8 Schalotten, 2 EL Mehl
1/2 l Fleischbrühe
1/8 l Weißwein
1 EL Essig
8 Pfefferkörner, 8 Wacholderbeeren
1/2 Lorbeerblatt

Den Huchen ausnehmen, schuppen und gut waschen. Innen und außen einsalzen und mit Zitronensaft beträufeln. Zugedeckt etwa 2 Stunden stehen lassen.
Die Zwiebel, gelbe Rübe und Sellerie in kleine Würfel, den Lauch in Streifen schneiden und alles zusammen in Butter anrösten. Die Schalotten kleinhacken und für später aufheben. Das Mehl anstäuben, durchrühren und etwas mitrösten. Fleischbrühe, Weißwein und den Essig sowie die Gewürze zugeben, zum Kochen bringen, etwa 1/2 Stunde köcheln lassen. Die Brühe, die eine sämige Konsistenz haben soll, durchseihen, beiseite stellen.
Den Huchen abtrocknen, auf beiden Seiten mit Einschnitten versehen und in die ausgebutterte, mit den kleingehackten Schalotten bestreute Bratreine (Bräter) geben. Die abgesiebte Brühe darübergießen und im vorgeheizten Backofen bei mittlerer Hitze (ca. 180° C) unter ständigem Begießen in ca. 40 Minuten garen. Zum Huchen gibt es ebenfalls Petersilienkartoffeln und Salat.
Der Huchen gehört auch zur Gattung der Salmoniden und kommt hauptsächlich in der Donau und deren aus den Alpen kommenden Nebenflüssen vor. Der Huchen ist ein großer Fisch und kann eine Länge bis zu 1,60 m und ein Gewicht bis zu 30 kg erreichen.

Donauwaller, blau

1 Waller von 1,5–2 kg (oder Wallerstücke)

Salz

Für den Sud:

1 Zwiebel

1 gelbe Rübe

1 Stange Lauch (nur das Weiße)

reichlich Petersilienwurzel

eine handvoll Champignons

1/8 l Essig

6 Pfefferkörner, 6 Wacholderbeeren

ca. 2 l Wasser

Den Waller schuppen, waschen, innen und außen einsalzen und etwas einziehen lassen. Das Gemüse waschen, grob zerkleinern und mit dem Essig und den Gewürzkörnern aufkochen. Den Waller oder die Wallerstücke in den kochenden Sud geben und den Topf vom Herd nehmen. Ist ein Fischkessel zur Hand, den Waller in den Einsatz legen. Etwa 20 Minuten garziehen lassen. Mit zerlassener Butter, Salzkartoffeln und Kopfsalat servieren.

Der Waller ist der größte Süßwasserfisch Mitteleuropas. Am besten schmeckt das Fleisch der jungen Fische. Ältere Waller können zäh und tranig sein.

Hechtkraut

20 g Butter zum Ausstreichen der Form

4 Schalotten, kleingehackt

800 g vorgekochtes Sauerkraut

800 g Hecht, filiert und entgrätet

1/2 l saurer Rahm

80 g Semmelbrösel

80 g Butter

Eine feuerfeste Form mit Butter ausstreichen und mit den kleingehackten Schalotten bestreuen. Das vorgekochte und nicht zu trokkene Sauerkraut und das kurz angebratene, abgekühlte Hechtfleisch schichtweise mit ein paar Löffeln Rahm und einigen Butterflocken in die Form geben. Mit Sauerkraut abschließen. Den restlichen sauren Rahm mit den Semmelbröseln vermengen und auf das Kraut streichen. Butterflocken daraufsetzen und im vorgeheizten Ofen bei mittlerer Hitze (ca. 180° C) in ca. 40 Minuten herausbacken.

Zum Hechtkraut passen Petersilienkartoffeln oder auch Salzkartoffeln.

Hechtkraut war das Lieblingsgericht des unglücklichen Bayern-Königs Ludwig II. Allerdings mochte er das Hechtkraut am liebsten, wenn es mit einigen Krebsen umlegt war.

Rudolf Scheibengraber, Mysterienspieler, Patentamtsangestellter, Volksschauspieler und Theaterdirektor, Vorsitzender des Vereins gegen betrügerisches Einschenken e.V., kurz VGBE genannt.
Vor allem dieses letzte Amt ist es, das dem Rudi viel Ehr und auch den Dank seiner Münchner Mitbürger eingebracht hat.
In München, wo sich immer schon alles ums Bier gedreht hat und in der Mitte des letzten Jahrhunderts sogar „Bierzeitungen" aufkamen, in denen tägliche Bulletins über den Sud der Brauereien und die Qualität des Schankbiers in den verschiedenen Wirtshäusern berichteten, ist das nicht weiter verwunderlich.
Besonders, wenn man sich vor Augen hält, daß das schlechte Einschenken, gerade auf dem Oktoberfest, schon seit Mitte des letzten Jahrhunderts immer wieder Anlaß zu lebhaften Klagen gewesen ist, und wie lange es gedauert hat, bis schließlich 1984 das Ereignis stattfand, welches als „Münchner Bierwunder" in die Stadtgeschichte eingegangen ist.
Hanns Glöckle schreibt dazu in seinem Buch „Prost in München": „Konkret vollbrachte das Unglaubliche ein energisch durchgreifender, mit dem Biereinschenken von Amts wegen befaßter Kommunalpolitiker namens Peter Gauweiler, der ohne Rücksicht auf parteipolitische Empfindlichkeiten beamtete Prüfer in die diversen Festzelte ausschwärmen ließ und die Zapfsünder Mores lehrte. Tatsächlich gingen von Stund an alle Wiesenbierzapfer in sich, und das unerreichbar Scheinende, von dem acht Generationen Münchner Oktoberfestbesucher nicht einmal zu träumen gewagt hatten, wurde Realität. Vollgefüllte Oktoberfest-Maßkrüge!"
Den Boden für dieses Ereignis aber hatten Rudi Scheibengraber und seine Maßkrug-Prätorianergarde bereitet. Einen Boden, der, wenn man so sagen darf, geradezu überreif war.
Das schlechte Einschenken hatte sich auch früher schon nicht nur aufs Oktoberfest und die Großgaststätten und Biergärten beschränkt.
1905 hatten die Münchner Steinmetze bei der Vollendung der Turmspitze des neuen Münchner Rathauses einen Behälter mit einem Gedicht eingemauert, in dem sie nicht nur über die teueren Zeiten und den hohen Bierpreis, sondern auch über das schlechte Einschenken klagten.
„Dabei ist vom Wirt man noch betrogen, weil er den Krug nicht voll macht bis oben."
Sechs Jahre früher wurde unter dem Vorsitz des Postexpediteurs 1. Klasse Ludwig Reiher bereits ein „Verband zur Bekämpfung betrügerischen Einschenkens e.V." gegründet, der dann 1904, nachdem er mit Hilfe einiger Münchner Juristen eine hieb- und stichfeste Satzung bekommen hatte, erstmals in organisierter Form den Kampf um die volle Maß aufnahm. Allerdings nicht mit besonderem Erfolg. Im Jahr der Vereinsgründung, 1899, lag laut offizieller Verlautbarung der jährliche Pro-Kopf-Bierverbrauch – Säuglinge, Kinder und Greise eingeschlossen – in München bei 332 Litern.
In einem damals vom Verband herausgebrachten Pamphlet hieß es dazu: „In der That dürften es diesjährig sicherlich fast an die 500 Liter gewesen sein, die die Münchner pro Kopf zwar nicht zu trinken bekamen, wohl aber bezahlen mußten, weil die Schenkkellner und Wirte, wenn es hoch kommt, gerade nur zwei Drittel des dem Publikum beim Bestellen einer Maß zustehenden Bieres in die Krüge füllen, den Rest aber, von ihnen hinterfotzig Überschank/Schanknutzen genannt, in den Fässern belassen. Was zu dem gewiß verwunderlichsten aller Wunder führt, daß aus einem Münchner Hirschen nicht 200 Maß, wie es sich gehören würde, herauskommen, sondern deren 280 und noch mehr..."

*

1910 wurden erstmals ein Wirt und sechs seiner Schenkkellner wegen nachgewiesenen zu schlechten Einschenkens verklagt. Der Prozeß ging zunächst verloren. Der Richter hatte seinen Freispruch mit den kaum faßbaren Worten begründet: „Das Publikum wurde nicht getäuscht, dem hiesigen Publikum ist das

schlechte Einschenken ohnehin bekannt, und Auswärtige werden es wohl bald erfahren." Erst in der Revision, ein Jahr später, wurde der Wirt dann verurteilt.

Im Jahr des Prozesses war in Oberbayern mit den Schwerpunkten München, Wasserburg und Dorfen ein weiterer Bierkrieg entbrannt. Wie bei den vorangegangenen Bier-Revolutionen war, neben der Anhebung des Bierpreises, auch das allerorten beklagte schlechte Einschenken die Ursache.

Wen wundert's, daß bei so viel Unmut unterm Volk im Verbandabzeichen, das die Aufschrift „Vorsicht" trug, neben der Waage der Justitia auch ein am Galgen baumelnder Schenkkellner abgebildet war. Den aufgehängten Schenkkellner hatten die Verbandsgründer als Symbol gewählt.

1936 wurde der Verband, der, wie der seinerzeitige Schriftführer beklagte, „von den Schenkkellnern gehaßt, vom Publikum bespöttelt und von der Presse meist absichtlich totgeschwiegen, wenn nicht gar lächerlich gemacht wurde", von den Machthabern des tausendjährigen Reiches verboten.

Wie so oft in der Vergangenheit, war die Erhöhung des Bierpreises schuld, daß 1970 die Dinge wieder in Bewegung gerieten. Diesmal war es die Anhebung von DM 2,40 auf DM 2,65 für die Wies'n-Maß, die die Gemüter erregte und den Anstoß gab, daß auf Anregung des tz-Redakteurs Karl Wanninger von Rudi Scheibengraber, zusammen mit einigen Kollegen vom Patentamt der durch die Kriegswirren aufgelöste Verband neubegründet wurde. Diesmal als „Verein gegen betrügerisches Einschenken e.V.", kurz VGBE genannt.

In der Satzung heißt es, daß der Verein den Zweck hat, „ganz allgemein gegen das noch immer weitverbreitete schlechte Einschenken vieler Wirte vorzugehen, im besonderen während des Oktoberfestes und der Starkbierzeit sowie in den Bierkellern".

Die Aufnahmebedingungen sind die gleichen wie in der Satzung von 1904. Der Jahresbeitrag ist eine Mark. Zur Zeit hat der Verein 3528 Mitglieder, darunter auch viele Wirte und Prominenz aus Politik und den Medien. Der Vereinsgruß heißt „Maß-voll" und das Vereinsabzeichen mit dem VGBE-Signet gibt es als Nadel in einer einfachen silbernen und in einer goldenen Ausführung. Die goldene Nadel. schätzt der Rudi, ist wertvoller als der bayerische Verdienstorden, weil sie seltener vergeben wird.

Auf der von einem Ingolstädter Fahnenhersteller gestifteten Vereinsfahne ist auch heute noch der am Galgen hängende Schenkkellner zu sehen. Wenn auch mehr aus Tradition als zur Warnung. Denn, wie der Rudi sagt: „Aufhänga tat'n mir wegan schlecht'n Ei'schenka heit koan mehr."

Rudi Scheibengraber ist ein gebürtiger Schwabinger. Ein gebürtiger Schwabinger ist nur der, der im Burgfrieden von Schwabing in einer Wohnung und nicht in der Klinik auf die Welt gekommen ist. Was einleuchtet, denn es gibt bis heute noch keine Frauenklinik in Schwabing. Im Fall vom Rudi hat das Auf-die-Welt-Kommen in einer Wohnung im 1. Stock in der Zehntnerstraße 1 am 27. August 1925 stattgefunden. Die Zehntnerstraße wird in typisch Münchner Wortspielerei von den Anwohnern immer noch liebevoll „Hundert-Pfund-Straß" genannt. Nur einen Bruchteil davon hat der Rudi bei der Geburt gewogen. Er war so klein, daß er, wie sein Vater zu sagen pflegte, „in an Maßkruag neipaßt hot". Was man vielleicht als Omen für sein späteres Wirken ansehen könnte.

Er ist aber dann doch sehr schnell gewachsen und hat seine erste Bekanntschaft mit dem Bier wie alle bayerischen Buben beim Bierholen für den Vater gemacht. Wobei er dem Vater, der zwar kein „Dreiquartl-Privatier" war, wohl aber die Vorteile zu schätzen wußte, die eine dreiviertel Maß mit sich brachte, wenn man von vornherein nur eine solche bestellte, immer von oben herab etwas vom Schaum weggetrunken hat. Die Watsch'n, die er dafür einstecken mußte, hat er gern in Kauf genommen.

Der Vater hat sich immer drei Quartl holen lassen, weil: „Wega drei Quartl hot se da Wirt net oschaug'n lass'n und so genau hot er's net neibrocht."
Die Mutter von Rudi Scheibengraber kam aus dem Oberschwäbischen, aus Waldshut, wo sie den Vater, der im ersten Weltkrieg dort eine Gasvergiftung auskurierte, kennenlernte. Deswegen hat der Rudi auch Zeit seines Lebens mehr Spätzle als Knödl gegessen. Den ersten Kartoffelknödl seines Lebens hat er – was für einen Bayern schon recht ungewöhnlich ist – erst gegessen, als er schon längst verheiratet war.

Eigentlich sollte der Rudi Scheibengraber, wie sein Onkel, der zeitweilig Stadtpfarrer in der Josefskirche war, Kapuziner werden. Aber dann wurden im dritten Reich die Klosterschulen geschlossen, und er kam direkt von St. Veit auf eine Junkerschule und wurde Fallschirmjäger, was ihm nicht nur fünf Durchschüsse und eine achtzigprozentige Kriegsbeschädigung einbrachte, sondern auch den Dank des Vaterlandes – der sich zunächst darin ausdrückte, daß er nach dem Kriege, bis 1951, nicht für würdig befunden wurde, im Staatsdienst tätig zu sein, weil er Berufssoldat gewesen war.
Aus heutiger Sicht hat ihm das gar nicht so sehr geschadet, denn auf diese Weise machte er 1946 Bekanntschaft mit dem Theater. Zuerst als Busfahrer, Regieassistent und Gelegenheitsschauspieler, alles in einer Person, und einige Jahre später als Hauptdarsteller in dem Mysterienspiel „Mystere della Missa", in dem er die Rolle des Christus und „Monaco Franze" Helmut Fischer die des Johannes spielte.
Rudi Scheibengraber und Helmut Fischer waren damals fast zwei Jahre auf Tournee – von Mittenwald bis zur Insel Norderney.
Die katholische Kirche hatte offensichtlich nicht damit gerechnet, daß nach dem tausendjährigen Reich, wo die Kirchen leer und die Parteiversammlungen voll waren, es überhaupt noch Katholiken gab, und schickte deshalb dieses Mysterienspiel auf „Missionsreise".
1951 trat er dann in die Dienste des Patentamtes, in der Abteilung Statistiken. Was ihm später, bei seinen Maßkrug-Erhebungen, noch von großem Nutzen sein sollte. Zunächst aber ließ ihn das Theaterspielen nicht mehr los, und so gründete er sehr bald, nach einem ersten Versuch mit der Schwabinger Brettl-Rutsch'n, die Münchner Volkssängerbühne, die er heute noch leitet.
Er wollte, wie er sagt, bayerische Klassiker aufführen und Klassiker der Weltliteratur auf bayerisch. Keine Unterhosenkomik. Was ihm auch gelungen ist. Immerhin hat die Münchner Volkssängerbühne schon den Hamlet in Wien aufgeführt. Auf bayerisch, versteht sich.

*

1985 ist der Rudi – der nach Richard Süßmeier und Franz Josef Strauß dritte Träger der Medaille „Liberalitas Bavariae", die alljährlich einmal von der Gesellschaft gleichen Namens für besondere Verdienste um Bayern vergeben wird – beim Patentamt in den Ruhestand getreten. Seither kann er sich nun mit noch mehr Kraft um sein geliebtes Theater und den nicht minder geliebten „Bierverein" kümmern. Was auch notwendig ist. Denn wenn es an der Bier-Front zur Zeit auch ruhig zu sein scheint – nix g'wiß woaß ma net. Und immerhin heißt es in Paragraph 6 der Vereinssatzung: „Da das schlechte Einschenken hier in München wohl auf absehbare Zeit nicht verschwinden wird, bleibt der Verein auf unabsehbare Zeit bestehen."

Gamsschlegel

1,5 kg gut abgehangener Gamsschlegel mit Knochen, 1 kg ausgelöst, möglichst von einem jungen Tier, das nicht älter als 1 Jahr sein soll (ein ganzer Schlegel wiegt zwischen 4 und 5 kg)

Salz, Pfeffer

etwas abgeriebene Zitronenschale

125 g Speck

50 g Butter

1 Zwiebel

1 gelbe Rübe

1 Stück Sellerie

1 Lauchstange

1/4 l guter Rotwein

6 Pfefferkörner, 6 Wacholderbeeren

1/8 l saurer Rahm

Den gehäuteten Schlegel mit Salz, Pfeffer und abgeriebener Zitronenschale gut einreiben. Den Speck würfeln und in einer Bratreine (Bräter) in der heißen Butter auslassen. Den Gamsschlegel in die Reine legen und von allen Seiten gut anbraten. Den Schlegel herausnehmen und warmstellen. Zwiebel, gelbe Rübe und Sellerie in kleine Würfel schneiden und zusammen mit dem in Streifen geschnittenen Lauch in der Reine anrösten. Rotwein und etwas heißes Wasser angießen, den Schlegel wieder in die Reine geben und unter ständigem Begießen in ca. 2 Stunden fertig braten. Herausnehmen und warmstellen. Den Bratfond durch ein Sieb geben und evtl. mit etwas saurem Rahm verfeinern.
Zum Gamsschlegel Semmelknödel mit Blaukraut oder auch Selleriesalat servieren.

Braun eingemachtes Gamsfleisch

1 kg Gamsfleisch von Schulter, Hals oder Brust

1 gelbe Rübe

1 Stück Sellerie

1 Stange Lauch

1 Zwiebel,
gespickt mit Nelke und Lorbeerblatt

1/2 l Fleischbrühe

50 g Mehl

50 g Butter

2 EL Essig

Salz, Pfeffer, etwas Zitronensaft

1/8 l saurer Rahm

Das Fleisch würfeln und mit dem in grobe Stücke geschnittenen Wurzelwerk und der Spickzwiebel und etwas Fleischbrühe langsam weich kochen.
Aus Mehl und Butter eine braune Mehlschwitze bereiten und mit dem Rest der Fleischbrühe aufgießen. Zum Gamsfleisch geben und nochmals kurz aufkochen. Die Fleischstücke herausnehmen und in ein frisches Geschirr umsetzen. Sud und Wurzelgemüse durch ein Sieb passieren und die Sauce, die recht sämig sein soll, mit Essig, Salz, Pfeffer und etwas Zitronensaft abschmecken und mit dem sauren Rahm verfeinern.
Dazu schmecken Semmelknödel und Salat.

◁ Farbtafel: Gamsschlegel

Wildschweinbraten

- 1 kg Wildschweinkeule
- Salz, Pfeffer
- 50 g Schweineschmalz
- 1 gelbe Rübe
- 1 Stück Sellerie
- 1 Zwiebel
- 1 EL Mehl
- 1/4 l Rotwein
- 1 Gewürzbeutel mit 2 Nelken, 5 Pfefferkörnern, 5 Wacholderbeeren, 1 Lorbeerblatt, 1/2 Knoblauchzehe

Das Fleisch mit Salz und Pfeffer einreiben und in einer Bratreine (Bräter) in dem heißen Schmalz von allen Seiten anbraten. Herausnehmen und beiseite stellen.
Das kleingewürfelte Wurzelwerk zugeben und gut durchrösten. Das Mehl anstäuben und ebenfalls leicht anrösten. Rotwein und etwas heißes Wasser angießen und den Gewürzbeutel hinzufügen. Den Braten wieder in die Reine geben und unter ständigem Begießen fertigbraten. Den Gewürzbeutel nach 30–40 Minuten entfernen. Den Braten nach ca. 1 1/2 Stunden herausnehmen und etwas ruhen lassen.
Währenddessen den Bratfond abseihen und entfetten. Den Braten in nicht zu dünne Scheiben schneiden. Die Soße separat dazu servieren.
Am besten passen zu Wildschweinbraten Kartoffelknödel und Blaukraut.

Rehragout

- 800 g Rehfleisch von Schulter, Hals oder Brust
- 80 g Bratfett
- 1 gelbe Rübe
- 1 Stück Sellerie
- 1 Zwiebel
- Salz, Pfeffer
- 1 EL Tomatenmark
- 1/4 l Rotwein
- 1 EL Mehl
- 1/4 l Fleischbrühe
- 1 Gewürzbeutel (siehe nebenstehendes Rezept)
- 1 EL Preiselbeerkompott
- 1 TL Senf
- 1/8 l Portwein
- etwas Zitronensaft

Das Fleisch in Würfel schneiden und in dem heißen Bratfett scharf anbraten. Das kleingehackte Wurzelgemüse und die feingeschnittene Zwiebel zugeben, ebenfalls anrösten, salzen und pfeffern und das Tomatenmark beifügen. Alles zusammen etwas anziehen lassen, mit dem Rotwein ablöschen und einkochen. Das Mehl anstäuben, gut durchrühren und mit der Fleischbrühe auffüllen. Nun den Gewürzbeutel beifügen und mitkochen lassen. Nach 30–40 Minuten wieder herausnehmen.
Zugedeckt das Rehragout weichkochen. Dabei immer wieder umrühren. Sobald das Fleisch weich ist, herausnehmen und in eine saubere Kasserolle geben. Den Bratfond durch ein Sieb passieren und mit Preiselbeeren, Senf, Portwein, Zitronensaft sowie Salz und Pfeffer abschmecken, über das Fleisch geben und nochmals kurz darin ziehen lassen.
Zum Rehragout passen Spätzle, breite Nudeln oder auch Semmelknödel und Salat.

Etwa sechs Quadratmeter groß ist das Reich der Anna Dietrich auf dem Münchner Viktualienmarkt, und viel steht auf diesen sechs Quadratmetern nicht drauf. Ein wackliger Tisch mit ein paar alten Decken und einem noch älteren, immer wieder zusammengeleimten Holzkastl, das als Kasse fungiert, zwei, drei leere Obstkisten und ein Hocker, auf dem sie tagein, tagaus von halb sieben in der Früh bis um zwei Uhr nachmittags hockt, um ihre Staticiensträußerl und Latschenbuschen zu verkaufen. Nicht zu vergessen ein Eisengestell, in das sie die mit blauen oder rosa Bändern verzierten Sträußerl steckt. Das Gestell ist Schaufenster und Ladenpult zugleich, während die Produktion auf dem Tisch stattfindet.

Jedesmal, wenn sie mit den Worten: „Dean S' mas her bittschön" – weil das ständige Aufstehen doch ein wenig beschwerlich geworden ist – ein Sträußerl verkauft hat, macht sie mit ihren kräftigen und immer noch flinken Fingern gleich ein neues. Wobei der unkundige Betrachter überrascht feststellt, was für wunderschöne Gebinde man doch aus ein paar Trockenblumen und etwas Blumendraht herstellen kann.

Achtundachtzig Jahre ist sie jetzt alt und seit sechzig Jahren ist sie auf dem Viktualienmarkt. Sie ist nicht nur die älteste Marktfrau, sie ist auch, wie es scheint, die letzte Vertreterin jener b'sondren Rass' von Standlfrauen, die wegen ihrer wortgewaltigen Grobheit und Direktheit früher in München ebenso beliebt wie gefürchtet waren.

Anna Dietrich wurde im April des Jahres 1900 in St. Wolfgang, östlich von München, geboren. Als sie zwei Jahre alt war, starb die Mutter und als sie zwölf war, der Vater. Vier Kinder waren es daheim. Drei Madln und ein Bub. Nach dem Tod des Vaters wurden sie, da es niemanden gab, der sich ihrer hätte annehmen können, auf die Bauern der Umgegend verteilt. Die Anna kam nach Ebersberg zu einem reichen Bauern, der zwölf Roß und 300 Hektar Grund hatte. Bei dem Bauern hat's ihr gut gefallen, auch wenn sie hart arbeiten mußte. Zuerst im Haus und mit fünfzehn dann im Stall.

Jeden Morgen ist sie um vier Uhr aufgestanden und im Sommer ist es manchmal zehn geworden, bis sie ins Bett kam.

Aber sie hat's gut gehabt, wie sie sagt, und „s'Essn is a guat g'wen." In der Früh hat's eine Brotsuppn gegeben mit g'röste Kartoffeln. Zu Mittag meistens Kraut und Knödl oder eine Mehlspeis und am Nachmittag, zur Brotzeit, Most und Brot. Der Bauer hatte viel Mostobst, und der Most hat ihr damals besser geschmeckt als das Bier.
Fleisch hat's bloß am Sonntag gegeben oder an den Feiertagen. Es war die schönste Zeit in ihrem Leben, und sie war immer gut aufgelegt und hat den ganzen Tag gesungen.
Sie war fast so stark wie ein Mannsbild und konnte schneller arbeiten als die meisten. Sie erinnert sich, daß sie oft hinterm Großknecht her g'mäht hat und weiß noch, wie sie ihm gedroht hat, daß sie ihm „d'Haxn wegmäht, wenn er net schneller duat."
Sie muß eine tüchtige Magd gewesen sein, denn der Bauer wollte sie nicht weglassen, aber es hat sie nicht gehalten, sie wollt' a bisserl mehr von der Welt sehen als nur Ebersberg. Recht viel mehr ist es dann doch nicht geworden, denn weiter als bis Augsburg ist sie nie gekommen.

*

1928 fing sie am Viktualienmarkt mit ihrem kleinen Blumenstand als Standlfrau an. Damals hat sie nur frische Blumen verkauft. Alles, was – je nach Jahreszeit – in der näheren Umgebung Münchens wuchs, denn für Ware vom Händler fehlte ihr das Geld. Maiglöckerl und Schneeglöckerl hat sie bis von Übersee, etwa hundert Kilometer östlich von München, geholt.
„Fast hätt' ma's mah'n kenna, so vui hots do gebn." Bis nach Kufstein kannte sie jedes Flekkerl, auf dem was wuchs.
Auch für „d'Schwammerl" hatte sie ihre besonderen Plätze. Manchmal brachte sie dreißig bis vierzig Pfund Reherl am Tag heim. Die Reherl (Pfifferlinge) hat ein Aufkäufer gekauft. Neun bis zehn Pfennig, je nach Qualität, hat er für das Pfund bezahlt. Zehn Pfennig verlangte sie damals auch für ein Sträußerl Maiglöckerl oder Schneeglöckerl. Als dann während der Depression die Leute kein Geld mehr für Blumen hatten, hat sie getrocknete Kamille verkauft. Sogar die paar Pfund Blaubeeren oder „Daubeeren", wie man in Bayern sagt, die sie nebenher noch gebrockt hat, wurden nicht zu Marmelade gemacht: „Das hamma ois verkaft, wegan Geld." Im Winter waren es Daxen und Tannenzapfen, was halt so für Allerheiligen oder Weihnachten gebraucht wurde. Einmal ist sie bei dreißig Grad Kälte auf den Markt. „Da ham meine Töchter g'sagt, geh Mamma, du werst doch bei dera Kältn net da hersteh. Aber i bin doblim. Und z'Mittag war i ferti mit meim Sach. Do hob i ois scho vakaft g'habt."
Die Kälte, sagt sie, habe ihr noch nie was ausgemacht, sie sei halt „a zacher Deifi".

In den dreißiger Jahren ist sie auf der vorderen, der besseren Seite des Viktualienmarktes gestanden. Das Geschäft sei damals auch besser gewesen als heut'. „Weil d'Trambahn no hergfahrn is; d'Leit san ausgstiegn, ham wos eikaft und san wieda weidagfahrn." Sie kann sich auch noch gut erinnern, wie Anfang der dreißiger Jahre die alte Schrannenhalle abgebrannt ist. Sie kam grad vom Bahnhof mit ihrer „Kirm". Die hat sie dann in einem Blumengeschäft abgestellt und löschen geholfen. Mit den „Kirmen", den großen, auf dem Rücken getragenen Körben, durften die Marktfrauen nach dem Krieg dann nicht mehr in die Züge. Das hat ihr nichts ausgemacht. Denn aus den offenen Körben hätten ihr damals die Bahnarbeiter sowieso immer die Blumen rausgestohlen und einmal sei sie sogar wegen ihrer „Kirm" von den Amerikanern verhaftet worden. Das war kurz nach Kriegsende. Sie hatte den Korb über Nacht bei den Kistnern eingestellt, weil sie am nächsten Tag in Augsburg Ware holen wollte. Als sie ihn früh am nächsten Morgen herausholen wollte, wurde sie von der Militärpolizei festgenommen und zur Ettstraße ins Polizeipräsidium gebracht. „An Paß hob i a koan g'habt, und da hams me in Jeep nei und ham me in d'Ettstraß g'fahrn. Und wia ma in da Ettstraß warn, hot der Beamte zu de Ami gsogt: ‚Ja, wos woits denn mit der Marktfrau. Laßt's doch de Marktfrau laffa.' Na hob i g'sogt, ja i muaß ja nach Augsburg fahrn und a War hoin. Na hot der Beamte zu de Ami g'sogt, so und jetzt fahrts de Frau aufn Bahnhof, weil scho höchste Zeit is. Na hob i grod no an Zug dawischt."

Leicht hat sie es in ihrem Leben nie gehabt. 1948 starb ihr Mann, ein Maurer, der schon bald nach dem Krieg Invalide geworden war. Die beiden Töchter waren grad acht und fünfzehn. Damals ist sie von Sauerlach, wo sie wohnte, jeden Tag mit dem Radl bis nach München gefahren, um das Geld für die Bahn zu sparen. „I hob ja nia vui vadient. Aber i bin mit wenig a immer z'frieden g'wesen." Aufs „Woiferl", aufs Wohlfahrtsamt, ist sie ihr Leben lang nie gegangen und tät auch nie hingehen. „I geh am Markt so lang wia i ko und vadean ma mei Brot selba."
Sie braucht nicht viel. Untertags ißt sie so gut wie nichts und am Abend kocht sie sich eine Suppe und trinkt „a Quartl Bier" dazu. Am Sonntag wäscht sie ihre Wäsche. Da ist sie schon um sechs in der Früh im Waschhaus. Dann putzt sie ihre Wohnung und kocht etwas, das nicht viel Arbeit macht. „Arwatn tua i ja scho de ganz Woch."
Urlaub hat sie in ihrem ganzen Leben noch nie gemacht und auch sonst waren ihre Vergnügungen rar. Trotzdem war es früher lustiger als heut.
„Grad lusti wars. Des is doch heit koa Lebn mehr. Da neidt ja jeder dem andern heit s'Brod." Und so schimpft sie halt ein wenig. „Des werd ja woi no erlaubt sei!"
Auf den Biergarten am Viktualienmarkt, den es dort früher nicht gegeben hat: „Do g'hert doch koa Biergartn her. Des hoaßt doch Viktualienmarkt und net Saufmarkt." Auf die Überfremdung: „Jetzt kimmts boid no soweit, daß de Deitschn auswandern müaßn, damit de Ausländer bei uns herin Plotz ham." Und auf die Politiker: „Do hot doch koana no was für de Kloana do."
Was zumindest aus der Sicht der Anna Dietrich stimmt. Denn wenn sie nächstes Weihnachten mit achtundachtzig Jahren in den Ruhestand tritt, dann hat sie sechsundsiebzig Jahre gearbeitet. Wofür sie grad vierhundertfünfzig Mark Rente bekommt.

Reherl mit Semmelknödel

600 g Reherl (Pfifferlinge)
60 g Butter
1 Zwiebel oder 8 Schalotten
Salz
1 TL Mehl
1/4 l saurer Rahm
1 TL Zitronensaft
Petersilie

Die Reherl sauber putzen und die größeren durchschneiden. In einer großen Pfanne oder in einem Topf die Butter heiß werden lassen, die kleingehackte Zwiebel bzw. Schalotten dazugeben und anschwitzen. Nun die Reherl dazugeben und bei starker Hitze andünsten. Sie sollen dabei nicht zuviel Wasser ziehen. Etwas salzen und das Mehl daranstäuben und einziehen lassen. Den Rahm dazugeben, verrühren und noch etwa 5 Minuten dünsten. Die gesamte Kochzeit beträgt nicht mehr als 15 Minuten. Mit Salz und ein wenig Zitronensaft abschmecken und die kleingehackte Petersilie daruntergeben.
Im Suppenteller mit einem Semmelknödel (siehe Seite 8) servieren.
Man kann über die Reherl auch ein paar verquirlte Eier geben und stocken lassen. In diesem Fall paßt ein grüner Salat dazu.

Bayrisch Kraut

1 kg feingeschnittenes Weißkraut
Salz, Pfeffer, Kümmel
50 g Schweineschmalz
1 EL Zucker
1 Zwiebel, feingeschnitten
1 EL Essig
1 EL Mehl
1/8 l Fleischbrühe

Es empfiehlt sich, das Kraut einige Zeit vorher (ca. 2 Stunden) in Salz, Pfeffer und Kümmel zu marinieren.
Das Schweineschmalz erhitzen und den Zukker darin karamelisieren. Die feingeschnittene Zwiebel dazugeben und gelb werden lassen. Mit Essig ablöschen und das Kraut dazugeben. Am besten ohne weitere Flüssigkeit in ca. 1 1/2 Stunden auf kleiner Flamme gardünsten. Am Schluß das Mehl darüberstäuben und soviel von der heißen Fleischbrühe angießen, daß das Kraut sämig ist.
Zum Bayrisch Kraut paßt sehr gut ein Ripperl und Röstkartoffeln.

◁ Farbtafel: Reherl mit Semmelknödel

Petersil-Gemüse

- 800 g Kartoffeln
- 1 gelbe Rübe
- 4 Petersilienwurzeln
- 1 Stange Lauch
- 1 Zwiebel, gespickt mit 2 Nelken und 1 Lorbeerblatt
- 30 g Mehl
- 30 g Butter
- 1 Bund Petersilie
- Salz

Die Kartoffeln schälen, waschen und in Scheiben schneiden. Die gelbe Rübe, die Petersilienwurzeln und den Lauch ebenfalls in Scheiben schneiden und zusammen mit den Kartoffeln und etwas Salz in $1^1/_2$ l Wasser aufsetzen. Kartoffeln und Gemüse sollten gerade bedeckt sein. Die Spickzwiebel dazugeben und bei geschlossenem Deckel in ca. 30 Minuten weich kochen. Die Spickzwiebel herausnehmen.

Aus Mehl, Butter und etwas Kochbrühe eine helle Einbrenne machen und damit das Kartoffelgemüse binden. Die kleingehackte Petersilie daruntermischen, nochmals kurz kochen und mit Regensburger oder heißer Lyoner Wurst servieren.

Wenn man die Einbrenne etwas dunkler macht und noch 2 Eßlöffel Essig hinzufügt, ergibt dies das „Saure Kartoffelgmüs“. In diesem Fall läßt man auch die Petersilie weg.

Kartoffelsalat

- 750 g Salatkartoffeln
- 1 Zwiebel
- Salz, Pfeffer
- 2 EL Essig
- 4 EL Öl
- $^1/_8$ l Fleischbrühe
- Schnittlauch

Die Kartoffeln kochen, schälen und noch warm in Scheiben schneiden und in eine Salatschüssel geben. Die Zwiebel kleinhacken. Aus Salz, Pfeffer, Essig, Öl und heißer Fleischbrühe eine Marinade bereiten, die Zwiebel dazugeben und die Soße über die noch warmen Kartoffelscheiben gießen. Mit zwei Löffeln leicht durchmischen und mit kleingeschnittenem Schnittlauch bestreuen.

Der Kartoffelsalat ist der Eckpfeiler der bayerischen Salatküche und unerläßlicher Bestandteil des mit Recht so gerühmten „gem. Salat“, der auf keiner Wirtshaus-Speisekarte fehlt. Vielfach wird er auch mit Gurkensalat gemischt.

Auf über tausend Hochzeiten hat der Griassima-Fritz, bekannt auch unter seinem bürgerlichen Namen Fritz Winter, bisher die Braut geführt oder als Hochzeitslader die Gäste eingeladen.
Das hat ihn zeitweilig so angestrengt, daß er dreimal an den Stimmbändern operiert worden ist, „weil'st hoit do schrei'n muaßt wia a Jochgeier. Grod bei de Bauernhochzeiten, des war oft im Freien, do host in da Früah d'Braut abg'hoit, na host de scho plogn müaßn. Und wennst des viermoi in da Wocha machst, dann merkst as scho. Vor 'm Breitigam und vor 'm Wirtshaus, überoi host g'sunga." Es wird in ganz Bayern, meint der Fritz, nur wenige geben, die zu so vielen Hochzeiten geladen haben und auf so vielen Hochzeiten Brautführer waren wie er. Deswegen sei es auch nicht verwunderlich, daß ihm am Schluß die Stimme ausgegangen ist.

*

„In da Schui" hat er schon Gedichte gemacht, der Fritz. Was ihm später, als Hochzeitslader, sehr geholfen hat. Denn: „s'Wichtigste am Hochzeitslader is 's Gstanzlsinga." Und da muß man halt ein Gefühl für Versmaß und Rhythmus haben, das einen auch in schwierigen Situationen nicht verläßt. Das Gstanzl-Singen ist nämlich eine Kunst für sich. Die Verse sind Augenblicks-Reihengeburten, Impromptu-Gesänge am laufenden Band, die nur vom Witz und der Treffsicherheit des Inhalts leben, da die Melodie immer dieselbe ist. So eine Folge von Gstanzln – das Wort kommt aus dem italienischen „Stanza" (Reimgebäude) – ist aufgebaut wie ein Konzertstück, das zwischendurch etliche Crescendi hat, und, wenn's gut läuft, mit einem Paukenschlag endet.
Meistens beziehen sich die einzelnen Gstanzln auf anwesende Personen, die angesungen werden, und nicht selten sind es die besonderen körperlichen Merkmale oder charakteristischen Eigenschaften des Angesungenen, die dann Zielscheibe eines immer gutmütigen, nie verletzenden Spottes sind. Dieses Ansingen war früher viel lustiger als heutzutage, weil es immer drei oder vier gegeben hat, die dagegen gesungen haben.
Noch vor ein paar Jahrzehnten war dieses Gegensingen überall der Brauch. „Jeda Bursch, der a bißl a Schneid g'habt hot, hot amoi a Gstanzl g'sunga." Heute ist das Gegensingen so gut wie verschwunden.
Von der Liebe ist in den Gstanzl weniger die Rede. Volkstümliche Liebeslieder, wie sie im Oberland manchmal zu hören sind, hat die Hallertau nicht hervorgebracht. Dabei wäre es schon wert, die Hallertauerin anzusingen. „Ist sie auch, wie der Heimatdichter Joseph Maria Lutz sagt, wie ihre Landschaft, nicht von auffallender Schönheit, so neigt ihr dunkler Typ, der häufiger ist als ein herberer blonder, zum heiter Lieblichen, zum ‚Dantschigen'. Im Alter aber erblüht, besonders auf manchen Gesichtern von Bauernfrauen, eine abgeklärte, stille, von Arbeit und Sorge gezeichnete rührende Schönheit."

*

Der Winter Fritz – Griassima Fritz ist der in Bayern vielerorts noch übliche Hausname; in seinem Fall kommt er von dem Geisenfelder Ortsteil Grias und einem Vorfahren namens Simon – war 1951, mit siebzehn, zum ersten Male Brautführer.
Die Hochzeiten wurden damals immer vom Wirt oder vom Bräu gefahren, weil das die einzigen waren, die Anfang der fünfziger Jahre ein Auto hatten. Bei echten Bauernhochzeiten hat nicht der Bräutigam, sondern der Brautführer die Braut am Elternhaus abgeholt und dem Bräutigam, der schon vor der Haustür gewartet hat, mit ein paar Gstanzl übergeben.
Die Nervosität eines solchen Hochzeiters war meist schon am Zittern des Brautstraußes zu erkennen, was ihm nicht selten ein paar treffende Gstanzl des Brautführers und daraufhin das Gelächter der bereits anwesenden Gäste einbrachte.

„A wengerl nervös is da Hochzeiter scho,
weil sei Brautstrauß recht wackelt,
ja schaugts'n bloß o

und a wengerl Angst hot er ghabt,
obs am Brautführer a g'lingt,
daß er eam heit net de foische,
sondern de richtige bringt."

Etwas ernster ging es in der Regel vor dem Haus der Braut zu, wo es Abschied nehmen hieß vom Elternhaus.
Während der Hochzeitslader einen mit bunten Bändern geschmückten Stock trug, hatte der Brautführer einen Säbel, als Symbol des Schutzes für die Braut, bei sich.
Das Säbelstehlen gehörte natürlich zu jeder Hochzeit, und wenn der Brautführer oder die Kranzljungfrauen nicht aufpaßten, waren einige Flaschen Wein für die Diebe fällig.
Üblicherweise bekam der Brautführer von der Braut vor der Hochzeit ein weißes Hemd, das er auch am Hochzeitstag zu tragen hatte. In den späteren Jahren war es meistens Geld, denn sonst, so sagt der Fritz, hätt er mit den weißen Hemden Stall misten können.
Auch das „Sauschwanzl-Aufsingen" durch den Brautführer gehörte zu den Bräuchen einer Holledauer Bauernhochzeit. Erst danach wurde mit dem Mittagessen begonnen.
Doch zuvor wurde der Tanz eröffnet. Dies geschah mit einem Wechseltanz zwischen Brautpaar, Brautführer und Kranzljungfrau.
In manchen Gegenden hat auch nur der Brautführer mit der Braut den Eröffnungstanz gemacht, und der Bräutigam durfte mit seiner Braut erst nach dem „Abdanken" tanzen.
Der zweite Tanz war immer der „Hungertanz", wozu eigens angesagt wurde: „Alle, wo Hunger ham, soll'n jetzt tanzn", was auch meist befolgt wurde.
Der Höhepunkt einer Hochzeit war immer das sogenannte „Abdanken", das nach dem Abendessen erfolgte. Hierzu fand sich meist das ganze Dorf ein, um dem „Gstanzlsinga" zu lauschen.
Dabei fand dann auch das gegenseitige „Aussinga" statt, bei dem meist drei oder vier Burschen gegen den Brautführer ansangen. Nicht selten traute sich auch mal ein resches Weibsbild, gegen den Brautführer anzutreten.

Der Hochzeitslader hatte, im Gegensatz zum Brautführer, bis auf das Plazieren der Gäste und das Abkassieren des Mahlgeldes auf der Hochzeit selbst keine nennenswerten Pflichten. Seine Arbeit war bis dahin meist schon getan.
Früher, als die Hochzeitslader noch zu Fuß unterwegs waren, war diese Arbeit oft beschwerlicher als die des Brautführers. Die Einladungen ergingen an Verwandte und Bekannte im Umkreis bis zu fünfzig Kilometern und wurden, da es ja keine schriftlichen Einladungen gab, meist in Versform vorgetragen. Vorsichtig mußte der Hochzeitslader beim Einladen der Gäste mancherorts mit dem Bänderschmuck an seinem Stock oder Frack sein. Ein farbiges Band unter den weißen bedeutete, die Braut habe bereits ein lediges Kind.
Zu der Zeit gehörte es auch noch zu den Aufgaben eines Hochzeitsladers, den man auch „Hochzeitsschmuser" nannte, Ehen zu vermitteln, was aber, abgesehen vom Schmuhgeld, das sich meist nach dem Vermögensstand der betroffenen Parteien richtete, nicht immer eine reine Freude war. Manchmal durfte sich später der Hochzeitsschmuser bei Gefahr für Leib und Leben auf dem Hof nicht mehr sehen lassen. Sehr oft war er aber selber schuld daran, weil es ihm bei seiner „Schmuserei" meist mehr ums Geld als darum ging, ob die Verkuppelten auch zusammenpaßten.
Zu Fritz Winters Zeit, der seine Hochzeitseinladungen zuerst mit einer Vespa und dann mit dem Auto absolvierte, hat es das zwar schon nicht mehr gegeben, aber er selbst hat noch viele von diesen Hochzeitsschmusern gekannt.

Der Fritz Winter, der nebenher immer noch Hopfenbauer ist, kommt von Geisenfeld, der Geburtsstätte des Hallertauer Hopfenbaues, und hat nach Starzhausen eingeheiratet. Verständlicherweise war es eine seiner 324 Kranzjungfrauen, genau genommen die elfte, die er zu seiner eigenen Braut erkor, und mit der er nach 25 Jahren Ehe immer noch glücklich ist.

Vier Hopfengärten hat er noch hinterm Hof. Hauptberuflich ist er aber das, was man früher einen „Hopfenschmuser" nannte, ein Hopfenaufkäufer, der im Auftrag der Hopfenhandelsfirma Hopfen bei den Bauern aufkauft. Heute wird der Hopfenaufkauf meist auf Vertragsbasis mit Fünfjahresverträgen getätigt, wobei der Preis – Grundpreis plus Zuschlag nach den jeweiligen Qualitätskriterien – meist mehr oder weniger schon feststeht. Was für die Hallertauer Hopfenbauern natürlich eine gewaltige Verbesserung gegenüber früher darstellt. Denn wenn früher der Hopfen nichts taugte, hat ihn der Schmuser nicht gekauft und die Bauern konnten ihren fertiggedarrten Hopfen aufs Feld rausfahren und unterackern. Dann war die ganze Arbeit umsonst. Zum Einstreuen oder als Futter war er nicht zu verwenden.
Trotzdem hat's in der Hallertau nie arme Bauern gegeben, denn eine landwirtschaftliche Sonderkultur hat immer ihr Geld gebracht, auch wenn sie mit Risiken behaftet war.
In den letzten zwanzig Jahren hat sich die Hopfenfläche in der Hallertau verdreifacht. Und das scheint, gemessen an der Nachfrage, immer noch nicht genug zu sein. Denn der Hallertauer Hopfen gehört zu den besten der Welt.

Fritz Winter, Sänger seiner Hallertauer Heimat, Hochzeitslader und Brautführer, lädt nur noch gelegentlich zu einer Hochzeit ein. Meistens ist 's in der Verwandtschaft.
Aber Gstanzl singt er nach wie vor, auch wenn er sich zwischendurch arg räuspern muß, was aber gnädig vom Wohlklang der Stimmen seiner drei hübschen Töchter zugedeckt wird.
„Der Hopf is a Tropf" heißt es in einem alten Hallertauer Sprichwort, und der Hallertauer – um noch einmal Joseph Maria Lutz zu zitieren – „ist auch einer, ein Luader, wie man hierzulande und durchaus nicht abträglich einen Menschen mit einem hellen wachen Kopf voll lustiger Faxen nennt."

Ein Wesenszug, der sich in Bayern nicht nur auf die Hallertau beschränkt, aber dort besonders ausgeprägt ist und am schönsten in der Hallertauer Nationalhymne, dem „Holledauer Lied" zum Ausdruck kommt, das ein unbekannter Verfasser seiner schönen Heimat gewidmet hat, und von dem aus Platzgründen hier nur die ersten vier Verse aufgeführt seien:

O heiliger Sankt Kastulus
Und unsa liabe Frau,
Oes werdt's uns ja wohl kenna,
Mir san aus da Holladau.
Gestern san uns neuni g'wen,
Heut' san uns sched no drei,
Die andern san beim Schimmelstehl'n,
Maria, steh ea bei.

Z'Nandlstadt, da steht a Galg'n,
Dös is a Moastastuck,
Doch wer koa Holladauer is,
Der geht glei' wieder z'ruck.
Diweil der Kaiser hat ihn grad
Den Nandlstädtern g'schenkt.
Drum wer koa Holladauer is,
Der wurd a dran net g'hengt.

Z'Wolnza hab'ns a Pflasta kriagt,
Dös is a Rarität.
Nur wia ma junge Stoana ziaght,
Grad dös verstehnas net.
Drum laufas in der Welt herum,
Und suacha Stoana z'samm.
Sie schaug'n se blind und holbat dumm,
Ob's n recht'n Sama ham.

Die Moosburger san rari Leut,
Sie ham gnua Bier und Geld,
Und führ'n a Leb'n voll Herrlichkeit
Wia d' Marder auf der Welt.
Sie hab'n den Schlüssel in da Hand
Zur ganzen Holladau;
Drum frag ma z'Moaburg umanand:
Wißt's ös 'n Weg nach Au?

Ausgzog'ne

25 g Hefe
$^1/_4$ l Milch
3 EL Zucker
500 g Mehl
2 Eier
80 g zerlassene Butter
$^1/_2$ TL Salz
Butterschmalz zum Ausbacken (ca. 1 kg)
Puderzucker zum Bestreuen

Die Hefe in der lauwarmen, gezuckerten Milch verrühren und ein Dampferl (Vorteig) machen.
Das Mehl in eine vorgewärmte Schüssel sieben, in die Mitte eine Vertiefung eindrücken und das Dampferl hineingeben. Mit etwas Mehl verrühren und zugedeckt an einem warmen Ort (am besten in Herdnähe) gehen lassen.
Sobald das Dampferl gegangen ist, die Eier, die zerlassene Butter sowie den Rest der lauwarmen Milch und 1 Prise Salz dazugeben, gut vermengen und den Teig so lange schlagen, bis er Blasen wirft und sich von der Schüssel löst. Den Teig wieder zudecken und nochmals gehen lassen.
Anschließend runde Häuflein abstechen, auf ein bemehltes Brett setzen, mit einem Tuch zudecken und nochmals gehen lassen.
Häuflein mit der Handfläche plattdrücken und an den Rändern ausziehen, so daß ein äußerer (erhabener) Ring entsteht. In das siedende Butterschmalz geben und auf beiden Seiten goldbraun backen. Mit einem Schaumlöffel herausnehmen und mit Puderzucker bestreuen.
Dazu trinkt man in Bayern ein Haferl Kaffee.
Am besten werden die Ausgzog'nen, sagt man, wenn sie auf dem Knie einer Pfarrköchin ausgezogen werden.

◁ Farbtafel: Auszog'ne

Schuchsen

Sauerteig für Dampferl (vom Bäcker)
$^1/_8$ l lauwarme Milch
250 g Weizenmehl
250 g Roggenmehl
250 g Topfen (Quark)
Butterschmalz zum Ausbacken

Den Sauerteig mit ein wenig lauwarmer Milch und etwas Mehl zu einem Dampferl ansetzen und zugedeckt warm stellen.
Das Mehl in eine vorgewärmte Schüssel sieben, den Topfen zugeben, die restliche Milch angießen und das Dampferl dazutun und alles zu einem glatten Teig verarbeiten. Solange schlagen, bis der Teig Blasen wirft und sich vom Schüsselrand löst. Die Schüssel zudecken und den Teig in Herdnähe nochmals gehen lassen.
Dann den Teig auf einem bemehlten Brett dünn ausrollen und ovale „Fleck“ ausstechen, die zugedeckt nochmals gehen müssen. Sobald sie aufgegangen sind, die Schuchsen in siedendem Schmalz schwimmend herausbacken.
Schuchsen, die etwas derber sind als Ausgzog'ne, werden mit Kompott als Mehlspeise oder gelegentlich auch als Beilage zu Wildgerichten gegessen.

Hollerkücherl

12 gleichmäßige schöne Hollerdolden (Holunderblüten)
200 g Mehl
1/4 l Milch
3 Eier
1 Prise Salz
Butterschmalz zum Ausbacken
Zimt und Zucker

Die Holunderblüten waschen und gut ausschütteln. Evtl. auf ein Sieb zum Abtrocknen legen.
Aus Mehl, Milch und Eiern einen Pfannkuchenteig bereiten, die Hollerdolden am Stiel festhalten, in den Pfannkuchenteig tauchen und in heißem Butterschmalz schwimmend goldgelb herausbacken. Mit Zimt und Zucker bestreuen und zum Kaffee reichen.
Man kann die Hollerküchерl auch ohne Zucker servieren. Eine Halbe Bier paßt dann nicht schlecht dazu.

Zwetschgenbavesen

8 altbackene Semmeln
250 g Zwetschgenmarmelade
1/2 l Milch
2 Eier
100 g Semmelbrösel
Butterschmalz zum Ausbacken

Die Rinde der Semmeln abreiben, die Semmeln in Scheiben schneiden und auf jede zweite Scheibe einen Eßlöffel Zwetschgenmarmelade setzen und mit den übrigen Semmelscheiben bedecken. Die Bavesen in kalte Milch tauchen und dann in den verquirlten Eiern und den Semmelbröseln wenden. In siedendem Schmalz von beiden Seiten goldgelb herausbacken, mit Zucker bestreuen und Kompott dazugeben.

Schneeballen

250 g Mehl
80 g Butter
3 Eigelb
1 EL Zucker
2 EL saurer Rahm
1 Prise Salz
Butterschmalz zum Ausbacken

Die Zutaten zu einem glatten Teig verarbeiten und 1 Stunde ruhen lassen.
Auf einem bemehlten Nudelbrett etwa 3 mm dick ausrollen und mit einer Kaffeetasse runde Flecken ausstechen. In die Teigflecken, wie auf dem Bild zu sehen, mit einem Teigrädler kleinfingerbreite Streifen schneiden. Einen Kochlöffelstiel zwischen die Streifen schieben und die Teigflecken in siedendes Schmalz halten, bis sie sich vom Stiel lösen. Goldbraun ausbacken, mit einem Schaumlöffel herausnehmen und auf ein Tuch legen.
Mit Puderzucker bestreut zum Kaffee oder zu einem Kompott servieren.
Früher hat es in den Haushaltswarenläden noch Schneeballenformen (Metall-Hohlkugelformen) mit Löchern gegeben, in die man die ebenfalls eingeschnittenen Teigflecken zum Ausbacken legte. Unkomplizierter ist die Kochlöffelmethode.

◁ Farbtafel: Schneeballen

Faschingskrapfen

1/8 l lauwarme Milch
20 g Hefe, 30 g Zucker, 300 g Mehl
60 g zerlassene Butter
3 Eigelb
1 Prise Salz
1 EL Rum
abgeriebene Schale einer halben Zitrone
150 g Aprikosenmarmelade
Backfett (halb Butterschmalz oder Schweineschmalz und halb Kokosfett oder Öl)

Mit ein klein wenig lauwarmer Milch, der zerbröckelten Hefe, etwas Mehl und Zucker ein Dampferl ansetzen und zugedeckt an einem warmen Ort gehen lassen.
Sobald das Dampferl um das Doppelte seines Umfangs gegangen ist, die restliche Milch, flüssige Butter, Eigelb, Salz, Rum sowie die Zitronenschale und vorgewärmtes Mehl dazugeben und zu einem glatten, geschmeidigen Hefeteig verarbeiten. Den Teig solange schlagen, bis er Blasen wirft und sich von der Schüssel löst. Dann 15 Minuten zugedeckt ruhen lassen und anschließend auf einem bemehlten Nudelbrett 10 mm dick auswalken. Mit einer Kaffeetasse runde Flecken ausstechen und auf jeden zweiten einen Teelöffel Aprikosenmarmelade setzen. Die übrigen Teigflecken daraufsetzen, an den Rändern leicht andrücken und mit einem Wasserglas (mit kleinerem Durchmesser als die Kaffeetasse) die nunmehr gefüllten Flecken ausstechen. Mit den Oberseiten nach unten auf ein bemehltes Tuch legen und zugedeckt nochmals gehen lassen.
Dann die Krapfen mit der Oberseite auf das siedende Fett legen (Temperatur ca. 160° C). Sobald sie goldbraun sind (nach etwa 3 Minuten) umdrehen und die andere Seite fertig backen.
Mit dem Schaumlöffel herausnehmen, auf einem Tuch abtropfen lassen und leicht abgekühlt mit Puderzucker bestreut servieren.

Zwetschgen-Datschi

500 g Mehl, 30 g Hefe
$^1/_4$ l Milch
150 g Zucker
1 Ei, 1 Prise Salz
75 g Butter
Für den Belag:
1,5 kg Zwetschgen
50 g Zucker, 75 g Zucker-Zimt-Gemisch

Das Mehl in eine Schüssel sieben, eine Mulde hineindrücken und die zerbröckelte Hefe hineingeben. Etwas lauwarme Milch und Zucker dazugeben und zu einem Dampferl (Vorteig) verrühren. Mit etwas Mehl bestäuben, mit einem Tuch abdecken und einige Zeit an einem warmen Ort gehen lassen.
Nachdem das Dampferl gegangen ist, den Rest des Zuckers und der Milch sowie das Ei, die Prise Salz und die Butter in kleinen Stücken dazugeben und alles zu einem glatten Teig verarbeiten. Wenn der Teig Blasen wirft und sich von der Schüssel löst, nochmals zugedeckt 30 Minuten gehen lassen.
In der Zwischenzeit die gewaschenen, abgetrockneten Zwetschgen entsteinen und vierteln.
Auf einem bemehlten Nudelbrett den Teig mit einem Nudelwalker in Größe des Backbleches ausrollen und auf das eingefettete Backblech legen. Die Zwetschgenviertel darauf schuppenartig verteilen und den Teig nochmals ca. 20 Minuten gehen lassen. In den vorgeheizten Ofen schieben und bei starker Hitze (ca. 220° C) in 30 Minuten herausbacken. Die Zucker-Zimt-Mischung darüberstreuen und noch warm servieren.
Man kann den Zwetschgen-Datschi auch mit Mürbteig machen, aber besser schmeckt dieser Datschi mit Hefeteig – der auch als Augsburger Zwetschgendatschi bekannt ist, weshalb man die Augsburger auch Datschiburger nennt.

Strauben

300 g Mehl
$^3/_8$ l Milch
1 Prise Salz
50 g Zucker
10 g Hefe
60 g zerlassene Butter
1 Ei
1 TL Rum
Butter- oder Schweineschmalz zum Ausbacken
Zimt und Zucker zum Bestreuen

Mehl und Milch miteinander verrühren, Salz und Zucker sowie die zerbröckelte Hefe dazugeben und an einem warmen Ort etwas gehen lassen.
In den gegangenen Teig die Butter, das Ei und den Rum einarbeiten. Den Teig in einen Spritzsack füllen. In einem Tiegel das Schmalz erhitzen und den Teig, von der Mitte beginnend, spiralenförmig einlaufen lassen. Wenn die Strauben auf der einen Seite goldgelb gebacken sind, mit einem Schaumlöffel auf die andere Seite drehen und fertig backen.
Die Strauben herausnehmen, auf einem Tuch abtropfen lassen, mit Zimt und Zucker bestreuen und zum Kaffee oder zu Kompott servieren.
Strauben gab es früher vor allem bei Hochzeitsessen.

Zum Verschenken in alle Welt:

Verwandte und Bekannte im Ausland, aber auch die vielen Besucher aus Übersee, die Land und Leute kennen und lieben gelernt haben, werden von diesem Geschenkband begeistert sein.

Erhältlich im Buchhandel.
Weitere Informationen bei
HÄDECKE VERLAG
Postfach 1203, Telefon (0 70 33) 22 64
7252 Weil der Stadt

ISBN 3-7750-0183-2

Gesamtherstellung: SVA, 7140 Ludwigsburg, 1988. Satz: Fotosatz Dieter Schradi, 7533 Tiefenbronn-Lehningen.